AF391026

DES HYPOTHÈQUES

ET

DU CADASTRE.

AVIS RELATIF A CETTE 2ᵉ ÉDITION.

* Les corrections et additions opérées dans cette se-
* conde édition sont indiquées par des étoiles semblables
* à celles ci-contre.

Les exemplaires qui ne seront pas revêtus du paraphe de
l'auteur seront réputés contrefaits.

DU

DANGER DE PRÊTER

SUR HYPOTHÈQUE

ET D'ACQUÉRIR DES IMMEUBLES,

OU

VUES D'AMÉLIORATION

DU RÉGIME HYPOTHÉCAIRE ET DU CADASTRE

COMBINÉS ENTRE EUX;

OUVRAGE ORNÉ DE PLANS ET DE TABLEAUX,

PUBLIÉ

DANS UN CONCOURS OUVERT PAR L'HONORABLE M. CASIMIR PÉRIER,

PAR A. DECOURDEMANCHE,

Avocat à la Cour royale de Paris, auteur des Codes progressifs de la presse
et des priviléges et hypothèques.

Seconde édition, corrigée et augmentée.

A PARIS,

CHEZ MOREAU, IMPRIMEUR-ÉDITEUR,

RUE MONTMARTRE, Nº. 39;

ET CHEZ L'AUTEUR, RUE SAINTE-ANNE, Nº. 17.

1829.

TABLE DES MATIÈRES.

FIN DE LA TABLE DES MATIÈRES.

PRÉFACE.

Encouragé par le zèle philantropique de
l'honorable M. *Casimir Périer*, frappé des
inconvéniens graves de notre régime hypothécaire, j'ai cherché quelles améliorations
pourraient être apportées à cette partie de
notre législation. Après de mûres réflexions,
j'ai acquis la conviction que le *cadastre* pouvait utilement concourir au but proposé.
Comme avocat, les détails administratifs du
cadastre m'étaient étrangers ; j'ai dû recourir
aux lumières d'hommes spéciaux dans cette
partie.

Des *agens supérieurs* dans cette branche
d'administration ont bien voulu mettre à ma
disposition tous les documens qui m'étaient

nécessaires pour arriver au but que je me proposais.

Dans les conférences nombreuses que j'ai eues avec ces messieurs, j'ai recueilli soigneusement leurs connaissances et leurs idées sur la matière, et j'ai dressé le projet d'achèvement et de perpétuation du cadastre, que je publie à la suite de mes vues d'amélioration du régime hypothécaire.

Je livre ce travail à la publicité, non parce que je le crois parfait, mais pour l'exposer à une controverse qui me mette à même de le perfectionner.

Je prie toutes les personnes que ces améliorations intéressent, et notamment les directeurs des contributions directes, les agens de la partie d'art du cadastre, les notaires et les conservateurs des hypothèques, de m'adresser les observations qu'ils jugeront convenables de me faire.

Lorsqu'on ne cherche que la vérité, on tient moins à avoir raison qu'à faire le mieux possible.

De même que j'appelle les observations critiques, je serai charmé de recevoir les adhésions des personnes ou des corps constitués qui approuveront le système proposé, pour invoquer l'autorité de leur opinion lorsque j'aurai l'honneur d'appeler l'attention des chambres sur cette matière.

Paris, 5 février 1829.

Monsieur ,

Depuis long-temps, tous ceux qui s'intéressent à la prospérité sociale s'affligent d'en voir le développement entravé par les vices de notre système hypothécaire, dont les principaux effets sont d'éloigner les capitaux des prêts sur immeubles, et de maintenir la disproportion considérable et fâcheuse qui existe entre l'intérêt dans les emprunts sur la propriété et celui que présentent les autres opérations de même nature. Le commerce et l'agriculture réclament également, dans cette partie de notre législation, des améliorations qui permettent d'étendre le crédit dont l'un et l'autre éprouvent un si grand besoin, en l'asseyant sur la base à la fois la plus large et la plus solide, sur la valeur immense de notre sol.

Frappé de ce fâcheux état de choses, et désirant contribuer à en avancer le terme, j'ai proposé, il y a deux ans, les questions suivantes, en créant un prix de trois mille francs pour l'auteur du mémoire qui serait reconnu les avoir le mieux résolues.

1°. Quels sont en France les vices et les lacunes des dispositions législatives et administratives concernant le prêt hypothécaire?

2°. Quels sont les obstacles qui s'opposent à la direction des capitaux vers cette nature d'emploi?

3°. Quelles seraient enfin les meilleures dispositions à établir pour former, sur cette partie, le projet de législation le plus complet et le plus en harmonie avec les besoins du fisc, ceux des emprunteurs, et les garanties qu'ont droit d'exiger les prêteurs? etc.

Plusieurs mémoires ont répondu à cet appel que, récemment, est venu en quelque sorte reproduire la publication d'un travail dû à M. Decourdemanche, avocat du barreau de Paris, et que la presse périodique a signalé à l'attention des publicistes et des jurisconsultes.

Quelles que soient l'importance et les difficultés de la matière, le laps de deux années a certainement suffi aux personnes qui se seraient senti le désir de l'éclairer de leurs lumières et de leur expérience.

Le concours sera donc fermé le 1er. mai prochain, époque où les mémoires envoyés seront soumis à un jury volontaire.

Les concurrens pourront, d'ailleurs, se dispenser d'examiner les questions du libre taux de l'intérêt, de la vente à réméré et de l'expropriation forcée, s'ils ne jugent pas cet examen nécessaire au développement du sujet principal (les hypothèques). Le désir de faciliter le plus possible l'émission de nouveaux travaux sur la matière, m'a déterminé à rendre purement facultative l'investigation de ces points secondaires.

J'ose espérer, Monsieur, de votre obligeance ainsi que de votre sollicitude pour tout ce qui a trait à l'intérêt public, l'insertion de cette lettre dans l'un des plus prochains numéros de votre journal, et je vous prie de recevoir l'assurance de la considération très-distinguée avec laquelle j'ai l'honneur d'être, etc.,

CASIMIR PÉRIER.

DU DANGER DE PRÉTER

SUR HYPOTHÈQUE

ET D'ACQUÉRIR DES IMMEUBLES,

OU

VUES D'AMÉLIORATION

DU RÉGIME HYPOTHÉCAIRE ET DU CADASTRE

COMBINÉS ENTRE EUX.

DU RÉGIME HYPOTHÉCAIRE.

DISSERTATION SUR CETTE MATIÈRE.

Quels sont en France les vices et les lacunes des dispositions législatives et administratives concernant le prêt hypothécaire?

Quels sont les obstacles qui s'opposent à la direction des capitaux vers cette nature d'emploi?

Quelles seraient enfin les meilleures dispositions à établir pour former, sur cette partie, le projet de législation le plus complet et le plus en harmonie avec les besoins du fisc, ceux des emprunteurs, et les garanties qu'ont droit d'exiger les prêteurs?

Ces questions ont été posées en 1826, par un publiciste distingué, l'honorable M. Casimir

1

Perrier. Jusqu'ici, malgré leur importance, elles sont restées sans solution. L'attention publique était captivée par la gravité des débats législatifs qui se sont succédés ; il eût été difficile d'exciter l'intérêt par des considérations sur le droit civil, lorsqu'on n'était occupé que des dangers qui menaçaient nos institutions, et des moyens de les consolider ; mais maintenant que nous jouissons du régime légal, que les questions les plus importantes de l'ordre social sont résolues, on peut examiner avec opportunité celles qui touchent au droit sacré de la propriété.

Quels sont les vices du système hypothécaire actuel ?

Ce n'est pas sans quelque crainte qu'on peut se décider à révéler les vices nombreux de ce système ; si on n'y apporte promptement remède, on doit redouter, en les faisant connaître, de jeter inutilement le trouble et l'incertitude dans l'esprit de tous ceux qui possèdent des biens immeubles, ou qui ont des capitaux engagés dans des placemens hypothécaires ; mais ces considérations doivent céder au besoin que l'on éprouve d'entrer dans des voies d'amélioration sur cette matière.

Les vices de notre système hypothécaire sont tels, que, rigoureusement parlant, il n'y a pas un propriétaire qui soit certain de ne pas être évincé de l'immeuble qu'il possède ; pas un prêteur sur hypothèque qui ait la certitude de ne pas perdre sa créance. Pour s'en convaincre, il suffit de considérer les nombreuses chances d'éviction qui menacent un acquéreur, même après l'accomplissement des formalités de transcription et de purge.

Avant ces formalités, le vendeur avait pu, par des actes ayant date certaine, et non inscrits sur les registres du conservateur, vendre une première fois la même propriété, ou la grever d'usufruit à titre onéreux, ou la louer pour un temps plus ou moins long, moyennant un prix une fois payé [1], ou la donner à antichrèse, ou la soumettre à des servitudes qui en diminuent considérablement la valeur ; enfin, il a pu la grever d'un douaire, par des stipulations faites sous l'ancienne législation. Dans tous ces cas, l'acquéreur est tenu de

---

[1] Arrêt de la Cour royale de Paris, du 3 décembre 1824.

1.

souffrir l'exécution de ces divers droits acquis avant lui, ou de délaisser.

D'un autre côté, le vendeur a agi comme seul héritier ; mais des cohéritiers se présentent et réclament leur part héréditaire ; ou bien encore, le vendeur était interdit ; il lui avait été nommé un conseil judiciaire ; il était privé de ses droits civils par un arrêt criminel ; il avait fait une cession de biens ; ou enfin il avait laissé protester des effets avant la vente, et ses créanciers en provoquent la nullité en faisant remonter sa faillite à l'époque des protêts.

Dans une autre hypothèse, le vendeur avait accepté purement et simplement une succession grevée d'hypothèques générales, lesquelles avaient frappé tous ses biens par le seul fait de son acceptation ; l'acquéreur n'a pu requérir d'état d'inscriptions sous le nom de l'auteur ; il a payé ; et après la purge, les créanciers de l'auteur l'obligent à payer une seconde fois.

Enfin, le vendeur avait été arrêté avant la vente ; depuis la transcription et la purge, il est condamné à des restitutions importantes ; le trésor prend inscription dans les deux mois

de la condamnation , et fait remonter son hy_
pothèque à l'époque de l'arrestation.

Dans tous ces cas , l'acquéreur est exposé à être évincé ou à subir des charges qui lui ont été cachées, sans qu'il ait pu se garantir des piéges auxquels il a été exposé.

Si le vendeur immédiat·n'était placé dans aucune de ces hypothèses , les vendeurs primitifs ont pu s'y trouver et entacher la propriété des mêmes vices.

Vainement compterait-on sur la prescription ; elle a pu être interrompue et prolongée par des causes qui sont toujours inconnues des tiers. Vainement encore objecterait-on que le vendeur qui dissimule les causes d'éviction se rend stellionataire ; on sait que ceux qui s'exposent à la contrainte par corps , n'ont point à la redouter, à cause de leur insolvabilité.

Si un acquéreur, qui peut remplir les formalités de transcription et de purge , est exposé à des dangers aussi nombreux, quelle doit être la sécurité du prêteur sur hypothèque ? Outre les chances qui menacent un acquéreur et qui lui sont communes , il a encore contre lui celles résultant des hypothèques légales non inscrites, qu'il n'a aucun moyen de connaître. Il n'y a donc aucune sûreté ni pour l'un ni pour l'autre [1].

[1] *Pendant que cette seconde édition était sous presse, des
* avocats normands ont bien voulu me faire connaître plusieurs
* espèces que je n'avais point signalées, dans lesquelles des prê-
* teurs sur hypothèques et des acquéreurs d'immeubles ont été
* victimes de ruses imaginées par la plus insigne mauvaise foi.

   * Dans une première espèce, des époux ont fait deux contrats
* de mariage ; dans l'un, ils ont stipulé le régime de la commu
* nauté ; dans l'autre, le régime dotal le plus rigoureux. Lorsqu'ils
* empruntaient ou vendaient, ils produisaient le contrat de ma-
* riage stipulant la communauté, et après avoir touché les fonds
* provenant des emprunts ou des ventes par eux consentis, ils en
* demandaient la nullité en vertu du contrat stipulant le régime
* dotal.

   * Dans une deuxième espèce, des époux ont stipulé le régime
* dotal. Lors des emprunts ou des ventes qu'ils ont faits pendant
* leur union, ils déclaraient s'être mariés sans contrat, et plus
* tard, et par conséquent sous le régime de la communauté, ils
* produisaient ce contrat contre les acquéreurs et prêteurs avec
* lesquels ils avaient stipulé.

   * Dans une troisième espèce, des époux ont fait un contrat de
* mariage dont l'art. 1er. porte qu'il y aura communauté ; mais, par
* un des derniers articles du même contrat, il est dit que les biens
* qui seront vendus du chef de la femme, ne le seront valable-
* ment qu'à la charge par l'acquéreur d'en surveiller l'emploi en
* acquisition de nouveaux immeubles. Les époux se font délivrer
* un extrait de ce contrat, dans lequel ils font omettre, à dessein,
* la dernière disposition : ils vendent les immeubles de la femme,
* en touchent le prix, et dépouillent ensuite l'acquéreur.

   * Disons-le hautement, mieux vaudrait rétablir l'ancien sys-
* tème des hypothèques occultes, que de laisser subsister un sys-
* tème de publicité mensonger, dans lequel les tiers sont exposés
* sans défense aux piéges que la fraude peut leur tendre impu-
* nément.

Comment ces vices se sont-ils introduits dans la législation ?

L'ancienne législation avait pris des mesures pour remédier précisément aux vices qui viennent d'être indiqués ; elle avait prescrit la publication, par la voie de l'insinuation, de tous les actes ayant pour objet de modifier la capacité des personnes, ou de porter atteinte à la propriété des biens immeubles, tels que les jugemens d'interdiction, de cession de biens, etc., et les actes d'aliénation de toute espèce.

Ces actes doivent être insinués au lieu du domicile, lorsqu'ils étaient purement relatifs aux personnes ; et, en outre, au lieu de la situation, lorsqu'ils avaient rapport à des immeubles. Le but qu'on s'était proposé par cette mesure était bon ; mais les moyens employés pour l'atteindre étaient inefficaces. Le domicile étant livré à toute l'incertitude de la volonté des parties, il fallait, pour connaître la véritable situation d'un citoyen, aller consulter les registres de tous les lieux de domicile qu'il lui avait plu de prendre dans les divers actes qu'il avait passés dans le cours de sa vie.

Les hypothèques étant toutes générales et ne devant être inscrites que lors de la vente des biens qui y étaient affectés, il était impossible à un propriétaire d'emprunter; il ne pouvait que vendre.

La législation nouvelle s'est précisément attachée à remédier à ce dernier inconvénient : elle a introduit la spécialité et la publicité des hypothèques au lieu de la situation des immeubles et avant la vente. Considérée sous ce rapport, elle est un grand bienfait. Mais n'avait-on pas droit d'en attendre d'autres résultats? ne devait-elle pas conserver le but que l'ancienne législation s'était proposé à l'égard des actes généraux, et tâcher de l'atteindre par des moyens nouveaux, puisque ceux employés jusqu'alors avaient été insuffisans?

Il paraît étrange que les nouvelles lois hypothécaires prennent mille précautions pour rendre publiques les hypothèques spéciales, et qu'elles n'en prennent aucune pour publier cette foule d'actes qui, en modifiant la capacité des personnes, ne portent pas seulement atteinte à la propriété d'un immeuble spécial, mais encore à celles de tous les immeubles qu'un citoyen possède dans l'étendue du territoire français. Il est vrai que ces actes doivent être rendus publics par la voie des journaux; mais ne sait-on pas que ceux qui ont intérêt à les tenir cachés ont toujours soin de les faire publier dans les feuilles les moins répandues?

Il paraît étrange que les nouvelles lois hypothécaires s'occupent de la publicité des hypothèques spéciales, et qu'elles ne prescrivent aucune mesure pour faire connaître l'aliénation entière de la propriété.

Enfin, elle protége d'abord les créanciers d'hypothèques légales, de la manière la plus spéciale, en les dispensant de l'inscription; et lorsque les immeubles grevés de ces hypothèques changent de main, leur protection cesse; il devient très-facile au vendeur et à l'acquéreur de purger ces hypothèques, sans que les intéressés osent prendre inscription pour conserver leurs droits. C'est ainsi qu'un mari, qui vend des immeubles soumis à l'hypothèque légale de sa femme, trouve toujours moyen de rendre illusoires les garanties que la loi semblait avoir assurées à cette dernière pour la conservation de sa dot et de ses droits matrimoniaux.

Les législations ancienne et nouvelle ont

donc manqué le but qu'elles se sont proposé par des motifs différens.

Un même vice leur est cependant commun; aucune d'elles ne s'est occupée des moyens de faire connaître l'influence qu'exercent les actes de l'état civil sur les propriétés immobilières.

Lorsqu'il s'agit d'établir une généalogie, on est dans le plus grand embarras; si un fils ne savait pas par tradition le lieu où est né son père, il n'aurait aucun moyen légal de s'en assurer. La chaîne qui doit lier les membres de chaque famille est rompue dès le premier anneau. C'est pourquoi, lorsqu'un vendeur agit comme héritier, on n'a jamais la certitude que d'autres héritiers ne viendront pas exercer l'action en pétition d'hérédité.

Des moyens de remédier à ces vices.

Pour remédier à tous les vices qui viennent d'être signalés, il faut, par une sorte d'éclectisme en législation, prendre ce qu'il y a eu de bon dans les divers systèmes qui se sont succédés, et rectifier ce que chacun d'eux avait de vicieux. En d'autres termes, il faut conser-ver les avantages de la spécialité de l'hypothèque, et donner une publicité plus efficace à tous les actes qui ont pour objet de constater ou modifier l'état ou la capacité des personnes, ou de constater ou modifier la propriété des biens immeubles en général.

On peut espérer d'obtenir ce double résultat en donnant plus d'étendue aux fonctions des conservateurs des hypothèques, et en faisant concourir le cadastre au but qu'on se propose.

Jusqu'ici, l'opération du cadastre n'a été considérée que comme une mesure purement financière ; on peut lui donner une utilité civile en créant des conservateurs spéciaux du cadastre, qui seraient chargés de suivre et constater sur les plans, et sur les autres pièces cadastrales, toutes les mutations qui peuvent survenir dans la propriété immobilière. L'organisation de ce système de conservation cadastrale est l'objet d'un travail particulier que nous avons fait de concert avec des ingénieurs du cadastre, et qui est en ce moment soumis aux lumières de son excellence le ministre des finances.

De leur côté, les conservateurs des hypothèques, sous le titre de conservateurs des hypothèques et de l'état civil, inscriraient par extrait, sur leurs registres, tous les actes ayant pour objet de constater ou modifier la capacité de chaque citoyen, ou la propriété de ses biens immeubles.

En un mot, les conservateurs du cadastre certifieraient quels ont été les propriétaires successifs de chaque propriété, et les conservateurs des hypothèques et de l'état civil, quelles sont toutes les circonstances qui ont pu modifier la capacité de ces divers propriétaires, et grever les propriétés qu'ils ont possédées.

Pour faire parvenir à la connaissance de ces agens tous les extraits d'actes qui doivent les mettre à même de donner aux tiers des renseignemens aussi précieux, il est indispensable d'établir quelques principes nouveaux sur le domicile, sur les actes de l'état civil et sur divers contrats, pour les assujettir à des règles qui en garantissent la publicité.

Du domicile.

Il a été démontré plus haut que dans l'ancienne législation, la publicité des actes généraux qui modifient la capacité des citoyens et la propriété de leurs biens immeubles, n'avait été qu'éphémère, à cause de l'incertitude du domicile. Sans considérer l'inconvénient de cette incertitude, par rapport au régime hypo-thécaire, il est facile de remarquer combien elle gêne le législateur dans beaucoup de circonstances : on le voit sans cesse occupé à vaincre les difficultés qui en sont la conséquence. Un acte si important doit cesser d'être livré aux circonstances. Les mesures indiquées dans les articles 5 et suivans du projet lui donnent toute la fixité qu'il peut avoir, sans entraver la liberté des citoyens : on conserve toujours son domicile d'origine, tant qu'on n'a pas fait une déclaration de changement, inscrite au lieu du domicile que l'on quitte et au lieu du domicile nouveau.

Nul ne peut figurer dans un acte authentique, s'il ne représente un certificat de domicile. L'officier public qui reçoit un acte sans énoncer ce certificat, est passible d'une amende. La ville de Paris est considérée comme le domicile d'origine des étrangers * et des Français * nés en pays étranger dont l'acte de naissance * n'indique pas de domicile en France.

Ces diverses combinaisons mettent tous ceux

qui stipulent dans des actes publics, dans l'impossibilité de déclarer un autre domicile que celui qu'ils ont réellement. Elles donnent au législateur le moyen de publier avec efficacité, au lieu du domicile de chaque citoyen, tous les actes qui peuvent porter atteinte à sa capacité; ce qui manquait au système de l'insinuation sous l'ancien droit.

Au lieu de laisser les créanciers d'hypothèques générales dans la nécessité de prendre autant d'inscriptions qu'il existe de bureaux d'hypothèques, il paraît plus convenable d'opérer la publicité de ces hypothèques par le seul fait de leur inscription au lieu du domicile.

Ces vérités reconnues, on est naturellement conduit à examiner la question de savoir s'il convient de continuer de publier les hypothèques spéciales au lieu de la situation.

Sous l'ancien droit, l'insinuation s'opérait au lieu du domicile et au lieu de la situation. On conçoit cette double précaution sous une législation où le domicile était incertain; mais du moment où cette incertitude cesse, il serait peu convenable d'obliger les tiers à consulter le lieu du domicile et le lieu de la situation pour connaître la véritable position d'un citoyen. Puisque l'on a déjà réuni, au lieu du domicile, les actes généraux qui influent sur la capacité des personnes, et ceux qui confèrent des hypothèques générales, il paraît plus convenable d'y publier également les hypothèques spéciales, de manière à présenter un historique complet de tous les actes qui concourent à faire connaître la position de chaque particulier.

Les certificats de nouveau domicile ne seront délivrés que sur la justification que les inscriptions existantes au précédent domicile ont été transférées au nouveau.

Au moyen de ces combinaisons, en s'adressant au lieu de la situation, on saura, par le certificat du conservateur du cadastre, que telle parcelle a eu d'abord telle figure, qu'elle a été réunie à telle autre, et ensuite divisée en tant d'autres parcelles; que ces diverses parcelles ont été possédées successivement par tels et tels individus.

En s'adressant au dernier domicile de ces divers possesseurs, on saura, par les certificats des conservateurs des hypothèques et de l'état civil, quelle était leur capacité à l'époque des ventes par eux consenties, et quelles charges grevaient leurs biens immeubles en général, et spécialement tel immeuble.

Le projet oblige à inscrire au lieu du domicile réel les déclarations relatives au domicile politique.

Cette mesure aura une grande importance en matière d'élection; elle donnera en outre le moyen de connaître, en consultant les listes électorales, tous les immeubles que peut posséder un individu dans l'étendue du royaume.

Des actes de l'état civil.

Il est un moyen simple d'assurer la publication périodique des actes de l'état civil. Aux termes de l'article 43 du code civil, les registres doubles des actes de l'état civil sont déposés au greffe des tribunaux civils d'arrondissement.

En les faisant déposer d'abord au bureau des hypothèques et de l'état civil, les conservateurs en feront le dépouillement sur leurs registres, et les transmettront ensuite au greffe.

On aura ainsi un excellent moyen de vérification de ces actes, en même temps qu'on éclairera, par la publicité, les rapports de parenté qui existent entre les citoyens; et désormais les véritables héritiers d'une succession pourront être facilement connus.

Dans l'état actuel de la législation, le dépôt des actes doubles de l'état civil ne se fait qu'à la fin de chaque année [1]; mais il importe que la mesure proposée produise promptement son effet. C'est dans ce but que l'article 16 du projet prescrit aux officiers de l'état civil de rédiger les actes doubles sur des cahiers mensuels, pour les transmettre chaque mois au conservateur des hypothèques et de l'état civil.

Règles particulières à divers actes.

Pour faciliter aux conservateurs du cadastre l'exécution des mutations sur les plans et sur les autres pièces cadastrales, pour assurer d'autant plus la spécialité des hypothèques, il a paru nécessaire d'obliger les officiers publics qui reçoivent des actes relatifs à des propriétés immobilières, à énoncer les numéros du cadastre dans les communes cadastrées, et une désignation par contenance, tenans et aboutissans, pour les parcelles situées dans les communes non encore cadastrées.

[1] Code civil, art. 43.

« Les articles 20,200, 20,400, 20,600 prescri-
« vent des mesures pour mettre les officiers
« publics à même de désigner dans leurs actes
« les numéros des parcelles cadastrées.

Les actes sous seing privé, qui contiennent
des stipulations relatives à des immeubles, intéressent toujours un grand nombre d'individus. Il importe qu'ils ne puissent pas être sup-
primés par la volonté d'un seul. La loi de
l'an III avait obvié à cet inconvénient dans son
article 99 [1], en déclarant nulle toute mutation
de propriété immobilière effectuée par acte
sous seing privé. Le projet atteint le même
but, sans priver les citoyens de la faculté de
faire des actes sous seing privé en matière
réelle. Il porte, article 19, que les actes de
cette nature qui contiennent des stipulations
relatives à des immeubles, n'ont d'effet qu'entre les parties contractantes, même après le
décès des signataires. Au moyen de cette disposition, les actes sous seing privé conservent
l'autorité qu'ils doivent avoir entre les parties
contractantes; on peut réaliser de suite une
vente sans avoir recours à un notaire; mais

---

[1] Code progressif des priviléges et hypothèques, n°. 3625.

cette vente ne commence à avoir effet, à l'égard des tiers, que du moment où la minute en a été déposée chez un notaire, et inscrite sur les registres des conservateurs respectifs. On change seulement le principe qui permet d'opposer aux tiers des actes sous seing privé, dont un signataire est décédé. Cette circonstance ne peut suffire dans un système où les actes ne sont réputés connus de ceux à qui on peut les opposer que par leur inscription sur les registres des conservateurs institués à cet effet.

Il est également nécessaire de soumettre diverses autres espèces d'actes à des règles nouvelles.

Les femmes mariées ont une hypothèque légale sur tous les biens de leur mari pour les obligations qu'elles ont souscrites pendant leur mariage, à compter du jour où ces actes ont acquis une date certaine. Les tiers n'ont aucun moyen de connaître pour quelle somme une femme mariée a pu souscrire des obligations sous signature privée, enregistrées. Pour que ces sortes d'obligations soient toujours rendues publiques sur les registres des conservateurs des hypothèques et de l'état civil, l'article 22 du projet exige qu'elles soient toujours passées devant notaire; et comme les officiers publics, ainsi qu'on le verra plus tard, sont obligés, sous leur responsabilité personnelle, de faire inscrire tous les actes susceptibles de conférer des hypothèques légales, le notaire qui recevra une semblable obligation, ne manquera pas de la publier par les voies légales. Par suite de cette mesure, un mari hésitera davantage à faire contracter des obligations à sa femme; et telle femme qui n'aurait point osé refuser sa signature dans la maison conjugale, se sentira plus forte devant un officier public, pour résister à un acte qui peut consommer sa ruine et celle de ses enfans.

Le projet accorde un délai de six mois pour donner une date certaine aux obligations souscrites par des femmes mariées avant la mise en vigueur du nouveau système. A la différence des femmes mariées, les mineurs et interdits ont maintenant une hypothèque légale sur les biens immeubles de leur tuteur, à raison de sa gestion, non pas seulement du jour des actes qui donnent lieu à cette hypothèque, mais à compter du jour de l'acceptation de la tutelle[1];

[1] Code progressif des priviléges et hypothèques, n°. 2266, §. 1er.

de telle sorte que la généralité des biens d'un tuteur est grevée à l'avance de tout ce qu'il pourra recevoir pour son pupille, pendant sa gestion, pour les causes les plus imprévues.

Cette disposition le paralyse entièrement dans la disposition de son actif immobilier.

Lorsqu'un tuteur ne possède pas de biens-fonds, la loi ne prend aucune précaution contre son insolvabilité ; et lorsqu'il en possède, elle semble abuser de cette circonstance pour se montrer on ne peut plus sévère à son égard.

Le projet concilie l'intérêt des tuteurs et celui des pupilles, en ordonnant que tout acte ou paiement relatif à des capitaux, et donnant lieu à une hypothèque légale, sera fait dans la forme authentique à peine de nullité. Il porte, en outre, que les droits d'hypothèques légales ne prennent rang, même au profit des mineurs ou interdits, que par la formalité de l'inscription.

Par ce moyen, les droits d'hypothèque légale étant toujours inscrits à mesure qu'ils prennent naissance, l'étendue de ces hypothèques pourra toujours être déterminée ; il sera plus facile aux tribunaux de les restreindre à tels et tels immeubles, de manière à faciliter à ceux qui en sont grevés, la disposition des biens qui ne sont point nécessaires à la garantie des ayans-droit.

Les effets négociables ont, en cas de faillite, une grande influence sur les propriétés immobilières. On a vu souvent déclarer nuls des contrats de vente et des affectations hypothécaires, parce qu'ils étaient postérieurs à des protêts que les tribunaux ont plus tard considérés comme la preuve d'ouverture d'une faillite.

Pour que les protêts puissent être utilement publiés, l'article 23 du projet porte que les effets à ordre de toute espèce doivent énoncer le véritable domicile des signataires ou endosseurs.

Les effets qui n'énoncent pas le véritable domicile des signataires, ne peuvent, en cas de faillite, servir à fixer l'époque de son ouverture.

Lorsqu'il y a lieu à protêt d'un effet négociable, il est inscrit par l'huissier ou le notaire qui l'a dressé; cependant il n'en peut être inscrit plus de trois par année (article 74 du projet), et si ces protêts ne sont pas suivis dans l'année d'une déclaration de faillite, leur inscription est radiée de plein droit (article 118 du projet).

Par ces dispositions, l'intérêt des tiers est protégé; le commerçant qui a suspendu un instant ses paiemens, peut rétablir son crédit, sans qu'il reste trace des protêts qui ont pu être inscrits sous son nom; le domicile des signataires des effets à ordre étant toujours indiqué, on peut prendre des renseignemens sur leur solvabilité. Il devient plus difficile d'introduire dans la circulation ces effets, dits de complaisance, que les lois anglaises défendent sous des peines si sévères.

Des actes qui doivent être inscrits.

Le projet prescrit la publication de tous les actes qui ont pour objet de constater ou modifier l'état et la capacité des personnes ou la propriété des biens immeubles.

Sans apporter de limites à l'application de ce principe général, il était utile de désigner, d'une manière spéciale, les actes qui doivent être soumis à l'inscription.

Le projet remplit ce but en indiquant, dans un ordre alphabétique, tous les actes qui doivent être astreints à cette formalité.

Parmi ces actes, on en distingue un grand

nombre qui, jusqu'ici, n'avaient été l'objet que d'une publicité éphémère, et qui, désormais, jouiront d'une publicité directe et permanente.

Dans ce nombre, on peut ranger les déclarations d'absence, les adoptions, les faillites, les cessions de biens, les interdictions, les nominations de conseil judiciaire, les actes relatifs à la jouissance et à la privation des droits civils, tels que les naturalisations, les autorisations données par le Roi à des Français d'accepter des fonctions publiques, conférées par des gouvernemens étrangers; les autorisations de rentrer en France données à des Français qui ont perdu la qualité de français; les autorisations données à des étrangers d'établir leur domicile en France; les jugemens criminels qui ont pour effet de priver les condamnés de tout ou partie de leurs droits civils; les changemens de noms, les séparations de biens et de corps, les sociétés.

Le projet fait participer au bénéfice de la publicité une foule d'autres actes que les tiers ne peuvent maintenant connaître que très-difficilement, et qu'ils ignorent presque toujours; de ce nombre sont les actions réelles, celles relatives à l'état des personnes et les jugemens

dont elles ont été suivies , les antichrèses ,
les baux qu'on est dans l'intention d'opposer
aux tiers , les nominations de comptables de
deniers publics , les contrats de mariage , les
nominations de tuteurs et de curateurs , les
décès , les changemens de domicile , les donations même mobilières entre vifs ou à cause de
mort , les échanges , les émancipations , les enrôlemens au service de terre et de mer, les
folle-enchères , les hypothèques légales , les inventaires , les licitations , les mandats d'arrêt ,
les actes de célébration de mariage , les actes
de naissance , les partages , les protêts , les séquestres , les servitudes , les acceptations ou
répudiations de succession ou communauté ,
les surenchères , les constitutions d'usufruit ,
les ventes.

Presque tous ces actes étaient soumis à l'insinuation sous l'ancien droit.

On devinera facilement les motifs qui ont
porté à en prescrire la publicité ; cependant
des explications sont nécessaires à l'égard de
quelques-uns d'entre eux.

Les donations, même mobilières entre vifs
ou à cause de mort , doivent être publiées pour
faire connaître le moment où la réserve légale a

été épuisée. C'est par ce motif que les anciennes lois avaient prescrit l'insinuation des donations de toute espèce.

Par la publication des enrôlemens au service de terre ou de mer, on saura le temps pendant lequel la prescription aura été interrompue à l'égard des citoyens qui se trouveront dans le cas d'invoquer cette interruption ; la cause de leur absence sera toujours connue.

En publiant les inventaires et les acceptations ou répudiations de succession ou communauté, on connaîtra toujours les héritiers qui auront appréhendé une succession ; si, parmi ces héritiers, il se trouve des femmes mariées ou des mineurs, les maris ou les tuteurs seront de suite grevés de l'hypothèque légale qui en résultera contre eux.

L'inscription des mandats d'arrêt fera connaître qu'en cas de condamnation, le trésor aura une hypothèque sur les biens du prévenu à compter du jour du mandat.

Du mode de l'inscription.

Dans l'état actuel de la législation, les conservateurs des hypothèques transcrivent en

entier les contrats de ventes, les saisies immobilières, et certains autres actes. On voit, avec
regret, les conservateurs des hypothèques employer un temps précieux à copier des jugemens d'adjudication, qui comprennent quel-
quefois deux cents rôles d'écriture, et dont la
substance pourrait être réduite à un quart de
page.

En augmentant les attributions des conservateurs des hypothèques, on sent le besoin de
simplifier leurs travaux. La formalité de l'inscription doit suffire dans tous les cas, soit qu'elle
ait pour objet un contrat de vente ou une affectation hypothécaire. Les registres des conservateurs des hypothèques et de l'état civil ne doivent point être de froides copies des actes
soumis à la formation de l'inscription, mais
bien un résumé clair et précis de ces actes.

Les inscriptions ne doivent point être astreintes à une rédaction spéciale ; il suffit
qu'elles énoncent les droits que l'on est dans
l'intention d'opposer aux tiers (article 92 du
projet).

Celui qui a rédigé un acte, étant plus que
tout autre capable de le réduire à ce qu'il a de
substantiel, les articles 99 et suivans du projet

obligent les officiers qui reçoivent des actes susceptibles d'être inscrits, à remplir cette formalité sous leur responsabilité.

On a vu plus haut pour quel motif les inscriptions sont prises au lieu du domicile des individus qu'elles ont pour objet, et non pas au lieu de la situation des immeubles.

Des délais dans lesquels les inscriptions doivent être faites.

Sous l'ancien droit, l'insinuation avait lieu, à la diligence des officiers qui avaient reçu des actes susceptibles d'être insinués, dans l'étendue des bureaux de leur demeure ; et à la réquisition des parties, lorsqu'il s'agissait d'actes à insinuer hors de ces bureaux. Dans le premier cas, le délai était de quinze jours, et dans le second, il était de trois mois.

Le projet rendant les officiers publics responsables de l'inscription de tous les actes qu'ils reçoivent, il a paru plus convenable de fixer un seul délai pour remplir cette formalité, n'importe dans quelle partie de la France elle dût avoir lieu.

La facilité et la rapidité des communications

qui ont lieu entre les divers départemens, ont paru permettre de fixer ce délai à un mois.

Il sera d'un grand avantage de pouvoir, dans le mois du jour d'un contrat, être fixé sur ses conséquences à l'égard des tiers, sans être astreint à aucune formalité de purge d'hypothèque ordinaire ou légale, tandis que maintenant il est impossible de payer au vendeur avant quatre ou cinq mois du jour de la vente.

Il a cependant paru nécessaire de poser une exception à ce principe, pour les testamens et les droits d'hérédité. L'article 96 du projet leur donne effet à compter du jour du décès de l'auteur, lorsqu'ils ont été inscrits dans les six mois.

Mais d'un autre côté, pour que, pendant délai, on ne soit point exposé à acheter d'un héritier dépouillé par un testament, l'article 120 porte qu'en cas de mutations par succession, les conservateurs ne délivreront de certificats que dans les six mois du décès.

De l'effet des inscriptions.

Dans le système du projet, les inscriptions ne seront plus soumises au renouvellement; elles ne se prescriront, même à l'égard des tiers, que par le temps réglé pour la prescription des droits qu'elles ont pour objet de conserver.

Les motifs de ces dispositions sont puisés dans un rapport fait en 1827, au conseil représentatif de Genève, par M. le conseiller d'État Girod.

L'obligation où l'on est maintenant de renouveler les inscriptions, a plusieurs inconvéniens.

Tous les dix ans, les ayans-droit sont exposés à voir leurs intérêts compromis par un simple oubli ;

Les registres des conservateurs sont surchargés d'écritures qui font double emploi ;

La nécessité où sont les conservateurs de parcourir tous les volumes où se trouve un grand nombre d'inscriptions primitives et renouvelées, augmente les chances d'erreur.

Il n'était pas moins important de décharger les créanciers inscrits de l'obligation où ils sont maintenant d'intenter, tous les dix ans, une action en déclaration d'hypothèque contre les tiers-acquéreurs des immeubles affectés à leur garantie.

Ces hypothèques étant publiques, sont réputées connues des tiers ; il n'est pas juste que ces derniers les prescrivent par un temps plus court que le débiteur auquel ils sont substitués, et dont ils ont connu les charges.

Des obligations imposées aux officiers publics, pour assurer l'exécution de la formalité de l'inscription.

Les officiers publics sont chargés, sous leur responsabilité, de faire inscrire les actes qu'ils reçoivent. Le projet eût manqué son but, s'il eût laissé les parties libres de publier ou de tenir secret tel ou tel acte, selon leur intérêt. Les hypothèques judiciaires sont les seules dont l'inscription doit toujours être requise par les parties.

Pour que les inscriptions soient exactement prises dans tous les cas prévus par le projet, il défend de faire usage d'un acte susceptible d'être inscrit et de le citer dans un autre acte, * après les délais de l'inscription, * sans indiquer le bureau où cette formalité a été remplie ; à cet effet, il en doit être fait mention sur les expéditions des actes. Toutes ces précautions avaient été prises dans l'ancien droit, pour assurer l'exécution de l'insinuation.

Dans les successions où des femmes mariées

sont intéressées, les scellés doivent toujours être apposés et les partages faits devant notaires (article 105 du projet); l'inscription de ces actes, sous le nom du mari, fera connaître l'étendue de l'hypothèque légale qui en résultera en faveur des femmes.

Des droits d'inscription et du salaire des conservateurs.

Dans l'état actuel de la législation [1], les actes soumis à la transcription et à l'inscription sont passibles de droits différens, qui n'ont aucun rapport proportionnel avec ceux de l'enregistrement.

La formalité de l'inscription est un mode particulier d'enregistrement : cette analogie a porté le législateur à établir un droit d'un et demi pour cent sur les transcriptions, et un droit d'un pour mille sur les inscriptions. Ces diverses perceptions, confondues entre elles, forment à peu près un cinquième des droits d'enregistrement auxquels les mêmes actes sont soumis.

[1] Code progressif des priviléges et hypothèques, n°ˢ. 5392 et 5384.

Pour éviter de faire un nouveau tarif, spécialement pour les actes que le projet déclare susceptibles d'être inscrits, il paraît plus simple de déclarer que les droits d'inscription sur les registres des conservateurs des hypothèques et de l'état civil sont d'un cinquième en sus des droits principaux auxquels les mêmes actes ont été soumis lors de l'enregistrement. Cette mesure augmentera la perception du trésor sans aggraver le sort des contribuables; car tous les actes qui n'étaient point soumis à l'inscription avant le projet étaient astreints à divers modes de publicité, beaucoup plus dispendieux que le faible droit créé par le projet.

Le projet règle, en outre, dans ses articles 109 et suivans, les salaires des divers conservateurs.

Les salaires actuels des conservateurs des hypothèques ont servi de base à la fixation de ceux des conservateurs des hypothèques et de l'état civil, pour tous les actes déclarés susceptibles d'inscription, tant par les lois existantes que par le projet. Cependant, les inscriptions à faire par suite des actes de l'état civil se font gratis.

A l'égard des conservateurs du cadastre, leur sort paraît convenablement fixé, en leur accordant à peu près la moitié des rétributions allouées aux conservateurs des hypothèques et de l'état civil; ces agens pourront, en outre, être chargés par les tribunaux, ou par les parties elles-mêmes, de diverses expertises relatives aux immeubles situés dans l'étendue de leur conservation, ce qui augmentera d'autant leur émolument.

Il était indispensable, en créant ces conservateurs, de leur assurer des salaires payés directement par les parties intéressées, pour que leur institution ne fût point une charge nouvelle pour l'État ou les communes.

Des certificats à délivrer par les conservateurs et les notaires.

Tout ce qui est inscrit sur les registres des conservateurs est essentiellement public; il doit en être délivré extrait ou copie à tous requérans; cependant le projet excepte de cette publicité l'inscription de divers actes qui, par leur nature, doivent être tenus secrets lorsqu'ils ont produit leur effet, et dont la connaissance, devenue inutile aux tiers, ne ferait que porter une atteinte gratuite à l'honneur des familles ; de ce nombre sont les inscriptions de jugemens criminels, après l'expiration des peines ; celles des déclarations de faillites, après la réhabilitation.

On a également soustrait à la publicité les contrats de mariages non suivis de célébration, de peur qu'un mariage manqué n'empêche d'en contracter un autre.

Les conservateurs du cadastre délivreront à tous requérans, sous leur responsabilité, des certificats indicatifs des divers propriétaires qui auront possédé successivement les mêmes parcelles, depuis l'exécution du nouveau système, en faisant connaître les divisions ou les réunions dont ces parcelles auront été l'objet.

Les notaires délivreront, sous leur responsabilité, et d'après les pièces qui leur seront représentées par les parties requérantes, des certificats d'origine des propriétés, remontant à dix ans au moins avant la mise en vigueur du nouveau système. Ils délivreront également des certificats indicatifs des divers propriétaires qui auront successivement possédé les mêmes parcelles, depuis la promulgation de la

3.

loi proposée, dans les communes non cadastrées.

* Sur le vu de ceux des certificats ci-dessus
* qui leur seront représentés, les conserva-
* teurs des hypothèques et de l'état civil dé-
* livreront à tous requérans copie des inscrip-
* tions grevant chacun des propriétaires qui
* ont possédé les mêmes parcelles, ou seule-
* ment tel propriétaire désigné.

* Sur le vu des certificats délivrés par les
* conservateurs des hypothèques et de l'état ci-
* vil, et dans les deux mois de l'inscription des
* actes de mutation de propriétés immobilières,
* les officiers publics qui auront reçu ces actes,
* dresseront un certificat des charges sous les-
* quelles l'immeuble sera acquis au nouveau
* propriétaire, et ils en opéreront l'inscription
* sous son nom.

* Sauf l'action des tiers contre l'officier pu-
* blic qui aura reçu l'acte de mutation, l'ac-
* quéreur ne sera tenu que des charges énon-
* cées dans le certificat ci-dessus, inscrit dans
* le délai prescrit.

* Ces diverses dispositions ont pour objet de
* remédier à un grand vice de la législation
* actuelle.

« Maintenant, lorsqu'on dresse un contrat de
« vente, le notaire habile, qui veut établir la
« position du vendeur d'une manière certaine,
« est obligé d'indiquer dans son acte les divers
« propriétaires qui ont possédé l'immeuble
« dont il s'agit, depuis le temps le plus éloigné
« qu'il lui est possible, de manière à pouvoir
« interroger les registres du conservateur des
« hypothèques, pour connaître les charges qui
« ont pu et qui peuvent encore grever ces di-
« vers propriétaires.

« On renouvelle ce travail et cette investi-
« gation toutes les fois que la propriété change
« de main, dans la crainte que des omissions ne
« se soient glissées dans les actes constatant les
« mutations antérieures.

« Dans un système de publicité complète, il
« est évident qu'un notaire aurait à s'imputer
« d'avoir omis de faire connaître à un acquéreur
« des charges constatées par des certificats
« d'inscriptions qui lui auraient été représen-
« tés ou qu'il aurait dû se faire représenter.

« Lorsqu'un conservateur d'hypothèques
« néglige de comprendre dans un certificat
« une inscription qui se trouve sur ses regis-
« tres, l'immeuble en est déchargé, et le

* créancier n'a d'action que contre le conser-
* vateur des hypothèques.

* Aucun motif ne s'oppose à ce qu'on appli-
* que le même principe à un notaire qui com-
* mettrait l'omission que nous venons de signa-
* ler plus haut.

* La responsabilité que le projet consacre à
* cet égard ne fait, en quelque sorte, que
* donner une force légale à la responsabilité
* morale que les notaires encourent même
* maintenant lorsqu'ils engagent les capitaux
* de leurs cliens dans de mauvais placemens
* hypothécaires, ou dans des acquisitions d'im-
* meubles suivies d'éviction.

* On a souvent vu des chambres de notaires
* obliger leurs collègues à se soumettre aux
* conséquences réelles de cette responsabilité,
* en indemnisant leurs cliens du préjudice qu'ils
* leur avaient causé.

* Pourquoi le législateur hésiterait-il à ré-
* diger en articles un principe qui est déjà
* écrit dans la conscience de la compagnie des
* notaires ?

* C'est d'ailleurs ce qui a lieu en matière d'a-
* liénation de rentes sur l'État.

* Sur la seule attestation d'un notaire qu'une

* inscription de rente , quelque importante
* qu'elle soit, appartient à tel individu , le
* trésor en opère le transfert au nom d'un
* tiers qui devient acquéreur incommutable ,
* et le véritable propriétaire n'a d'action que
* contre le notaire rédacteur du certificat.

* En introduisant cette simplicité de formes
* dans le régime hypothécaire , il est facile d'a-
* percevoir quels en seraient les heureux
* effets.

* Lorsqu'une vente serait consommée, toutes
* les charges grevant l'immeuble aliéné se trou-
* veraient reportées sous le nom du nouvel
* acquéreur; et dans le cas d'une seconde vente,
* on n'aurait à consulter les registres du conser-
* vateur des hypothèques et de l'état civil que
* sous le nom du propriétaire actuel , sans s'in-
* quiéter de ce qui aurait été inscrit sous les
* noms des propriétaires précédens ; on ne
* serait obligé de remonter à la source de la
* propriété que lors des premières ventes qui
* suivraient la promulgation de la loi proposée,
* et encore ne serait-on pas obligé de remonter
* au-delà de dix années avant cette promul-
* gation ; car, aux termes des art. 128 et suivans
* du projet, les droits réels de toute espèce

* antérieurs à cette promulgation devront être
* inscrits dans l'année contre les tiers-déten-
* teurs acquéreurs depuis moins de dix ans.
 * Au moyen de ces combinaisons, celui au
* profit duquel on aura consenti une vente ne
* sera plus exposé à voir exercer contre lui des
* droits qui ne seraient point inscrits sous son
* nom.
 * Le créancier au profit duquel on aura con-
* senti une hypothèque, n'aura plus la crainte
* de se voir primé par des créanciers dont les
* droits n'auraient été inscrits que sur d'an-
* ciens propriétaires, dépossédés depuis long-
* temps.

De l'hypothèque sur soi-même.

Au nombre des diverses manières de conférer hypothèque, la loi de l'an III avait compris
la faculté accordée à tout propriétaire de prendre hypothèque sur lui-même, par la voie de
cédules hypothécaires transmissibles par en-
dossemens, et dont les conservateurs étaient
garans à l'échéance [1]; mais les formalités qui devaient précéder la délivrance de ces cédules

[1] Code progressif des priviléges et hypothèques, n°. 1485.

étaient si multipliées et si dispendieuses ; il y avait tant de cas dans lesquels le conservateur pouvait se refuser à cette délivrance, que le droit de requérir cédule était illusoire.

La loi de l'an VII et le Code civil ont renoncé à ce mode d'hypothèque.

Cependant l'idée d'une hypothèque transmissible par voie d'endossement et payée exactement à son échéance, a quelque chose de séduisant.

La nécessité où sont presque tous les prêteurs sur hypothèques de diriger des poursuites d'expropriation pour avoir leur paiement, éloigne les capitalistes de cette nature d'emploi.

Le projet atteint le but que s'était proposé la loi de l'an III, sans apporter les mêmes entraves à son exécution ; il autorise les conservateurs des hypothèques et de l'état civil à délivrer, sans examen, des cédules hypothécaires à tout propriétaire qui le requiert, sur le vu d'une déclaration expresse passée à cet effet devant notaire ; mais ces cédules ne sont transmissibles par la voie de l'endossement qu'après que leur paiement a été garanti par une ou plusieurs compagnies anonymes que le gouvernement pourra autoriser à cet effet.

Avant d'assurer une cédule hypothécaire, ces compagnies, sans être astreintes à aucune forme judiciaire, prendront connaissance de la situation de l'emprunteur ; elles se procureront sur les lieux, par leurs agens, des renseignemens sur la valeur des propriétés affectées à la cédule, et lorsqu'elles jugeront qu'il y aura sûreté, elles contracteront l'assurance.

Si le projet remplit son but, le prêteur sur hypothèques ne doit jamais être exposé à d'autres chances qu'à celle d'attendre le résultat des poursuites d'expropriation pour obtenir son paiement.

Une compagnie, en subissant les conséquences de son assurance, n'aura donc d'autre obligation à remplir que celle d'une avance de fonds dont elle sera certaine d'être remboursée à un temps plus ou moins rapproché.

L'on conçoit que, dans un pareil état de choses, les primes d'assurances seront nécessairement fixées à des taux très-modiques, qui n'aggraveront point la position des emprunteurs.

Les cédules hypothécaires, ainsi organisées, offriront une garantie certaine aux capitalistes ;

elles tendront à maintenir perpétuellement en état de circulation la majeure partie de la valeur des biens territoriaux : on conçoit tout ce que ces résultats auront de favorable aux progrès de l'agriculture et du commerce.

De l'assurance de la valeur vénale des propriétés.

L'incertitude où l'on est presque toujours sur la valeur vénale des propriétés, paralyse les transactions hypothécaires. Le système d'assurance, déjà appliqué avec avantage à tant d'objets divers, peut sans doute produire d'utiles résultats, en l'employant comme moyen de fixer la valeur vénale des propriétés immobilières ; le projet porte à cet égard les dispositions suivantes :

Pour faciliter les transactions relatives aux immeubles, leur valeur vénale peut être assurée par des compagnies anonymes que le gouvernement autorise à cet effet.

Lorsque le terme fixé pour l'assurance de la valeur vénale d'une propriété est expiré, l'immeuble assuré est vendu en justice, dans la forme des expropriations forcées, à la réquisition, soit de la compagnie qui a stipulé l'assurance, soit des créanciers dans l'intérêt desquels elle a eu lieu, si mieux n'aiment ces derniers reconnaître que l'immeuble a la valeur stipulée dans la police, et décharger la compagnie de son assurance.

A défaut par la compagnie de requérir la vente judiciaire, l'assurance continue par tacite réconduction, jusqu'à ce que la vente ait eu lieu sur les poursuites d'autres intéressés.

En cas de demandes en réduction d'hypothèque légale ou judiciaire, la valeur des immeubles auxquels l'hypothèque doit être restreinte, peut être fixée d'après une police d'assurance, stipulée conformément aux principes ci-dessus.

Il est facile d'apercevoir dans combien de circonstances ces combinaisons pourront recevoir utilement leur application.

De l'expropriation et de l'ordre.

* La réforme de cette partie de la législa-
* tion n'offre que des difficultés secondaires et
* de détail. Le moindre praticien indiquerait
* à merveille le moyen de mettre obstacle aux
* lenteurs et aux frais qu'il est si facile de mul-
* tiplier sous les lois existantes.

* Il ne faut que de la bonne volonté au lé-
* gislateur pour triompher de ces inconvé-
* niens : ils disparaîtront le jour où le créan-
* cier ne sera plus sacrifié au débiteur.

* Le moyen le plus simple de hâter ces deux
* procédures serait, peut-être, de les faire
* marcher ensemble. Quel inconvénient y
* aurait-il à procéder à l'ordre pendant que
* l'expropriation forcée suivrait son cours?

* De cette manière, les bordereaux de collo-
* cation pourraient être délivrés très-peu de
* temps après l'adjudication.

* La marche de ces deux procédures étant
* simplifiée par la supression de plusieurs dé-
* lais dont l'expérience a fait reconnaître l'inu-
* tilité, le créancier hypothécaire serait plus
* tôt mis à même de rentrer dans ses fonds :
* maintenant, il n'entrevoit même pas le
* moment où il pourra sortir du dédale de dif-
* ficultés dans lequel la législation l'a jeté.

* Au reste, quel que soit le mode qui sera
* adopté pour l'expropriation et l'ordre, le ré-
* gime hypothécaire dont nous avons tracé le
* plan, donne au créancier la faculté de faire
* ses conditions telles, qu'il puisse être certain
* de toucher ses fonds à l'échéance : en prêtant

* sur des cédules hypothécaires dont le paie-
* ment exact est assuré, il aura la certitude de
* ne pas être exposé à subir les délais que né-
* cessitent toujours une expropriation et un
* ordre, quelque rapides qu'ils soient.

Dispositions transitoires.

En législation, les moyens transitoires sont toujours d'une grande difficulté. Le meilleur projet peut échouer, si le passage de l'état ancien à l'état nouveau n'est pas prompt et facile.

Pour arriver au but dans l'espèce, on a suivi l'exemple des législateurs qui ont traité successivement du régime hypothécaire.

La loi de l'an III et celle de l'an VII [1] avaient prescrit des délais dans lesquels ont dû être inscrits les droits qui n'étaient point assujettis à l'inscription avant elles. Lorsque des pays étrangers ont été réunis à la France [2], il a été accordé aux habitans un délai d'un an pour remplir les formalités exigées par le Code civil en matière d'hypothèques.

[1] Code progressif des priviléges et hypothèques, n°*. 4731 et suivans.

[2] *Ibid.*, n°. 5111.

Le projet accorde à tous ceux qui ont des droits réels non inscrits, nouvellement soumis à cette formalité, un délai d'un an pour la remplir au lieu de la situation des immeubles qui sont affectés à ces droits sous le nom des propriétaires ou acquéreurs qui ont possédé ces immeubles depuis moins de dix ans.

Par cette disposition, les créanciers d'hypothèques légales sont traités plus favorablement que par les lois existantes [1]; car maintenant, dans le cas d'une vente suivie d'une purge légale, une femme mariée perd son hypothèque, si elle ne la fait pas inscrire dans les deux mois de la signification qui lui est faite.

D'après le projet, elle a un an pour remplir la même formalité. Si au moment de la promulgation de la loi nouvelle, son mari est encore propriétaire des biens qui y sont soumis, il n'aura pas autant de raison de l'empêcher de prendre son inscription, que s'il venait de les vendre et qu'il fût impatient d'en toucher le prix.

Les mêmes considérations sont applicables à l'hypothèque du mineur sur les biens de son tuteur.

[1] Code progressif des priviléges et hypothèques, nos. 4628 et suivans.

* A l'égard des droits réels déja inscrits sur
* les registres des conservateurs sous le nom
* d'individus qui ont cessé, depuis plus de dix
* ans, d'être propriétaires des immeubles af-
* fectés à ces droits, le projet accorde le même
* délai d'un an pour les inscrire contre l'un
* des tiers-détenteurs acquéreurs depuis moins
* de dix ans, à peine de déchéance.

* Il eût peut-être été bien à désirer qu'il fût
* possible d'obliger les propriétaires actuels
* dont les contrats n'ont point été transcrits,
* à les faire inscrire dans un délai donné.

* Mais c'eût été porter une véritable atteinte
* à des droits acquis, et renouveler en quelque
* sorte le système des déclarations foncières de
* la loi de l'an III, dont l'expérience a démon-
* tré le vice [1].

* C'est pourquoi le projet n'oblige pas à ins-
* crire dans un certain délai les contrats trans-
* latifs de propriétés, enregistrés, mais non
* transcrits avant la promulgation de la loi
* proposée.

* Cette formalité ne devra être remplie que
* lorsque les possesseurs actuels voudront

[1] * Code progressif des priviléges et hypothèques, n°. 3313.

* consentir des droits réels sur leurs pro-
* priétés.

* Mais si les propriétaires actuels, déten-
* teurs depuis moins de dix ans, ne font pas
* inscrire leurs titres, comment les créanciers
* dont les droits doivent être inscrits sur ces
* acquéreurs, pourront-ils remplir cette for-
* malité ?

* C'est vraiment là le point le plus difficile
* du projet.

* Cependant il n'est point insoluble.

* L'administration de l'enregistrement tient
* maintenant des tables très-régulières des ac-
* quéreurs et des vendeurs des propriétés qui
* dépendent du bureau de chaque receveur.
* Elle prend même le soin de faire renvoyer à
* ces receveurs les actes de mutations passés
* hors du ressort de leurs bureaux, pour qu'ils
* puissent tenir leurs tables au courant.

* Ces tables peuvent être ici d'un grand se-
* cours : du moment où le projet dont il s'agi
* ou tout autre analogue aura été pris en consi-
* dération, l'administration de l'enregistre-
* ment pourra donner de suite des ordres à ses
* agens pour qu'ils aient à vérifier l'exactitude

* des tables des vendeurs et acquéreurs remon-
* tant à dix ans ; elle s'empressera de faire par-
* venir à leur destination les renvois d'actes
* de mutations qui n'y auraient point encore
* été adressés.

* De telle sorte qu'en consultant ces tables
* à l'époque de la mise en vigueur du projet,
* les intéressés y trouveront tous les docu-
* mens qui pourront leur être nécessaires
* pour opérer leurs inscriptions.

* Par ces mesures, un an après la promulga-
* tion de la loi proposée, tous les droits réels
* grevant un immeuble se trouveront concen-
* trés sous les noms de ceux qui l'ont possédé
* depuis moins de dix ans.

* Il sera inutile, lors des actes de mutations
* qui pourront être consentis par ceux qui
* possèdent actuellement des immeubles, d'é-
* tablir l'origine de leur propriété au-delà de
* dix ans antérieurement à la promulgation de
* la loi projetée.

* Encore cette obligation ne concernera-t-elle
* que les possesseurs actuels ; leurs acquéreurs,
* pour consentir des nouvelles ventes, n'auront
* pas besoin de remonter au-delà d'eux-mêmes,
* puisque toutes les charges qui pourraient les

* grever seront transmises sous leur nom lors
* de leurs acquisitions ¹.

RÉSUMÉ.

Il a été démontré que les vices du système hypothécaire actuel sont tels que, rigoureuse ment parlant, il n'y a de sûreté dans aucun cas, ni pour les acquéreurs, ni pour les prêteurs sur hypothèques.

On peut remédier à ces vices, en publiant tous les actes qui ont pour objet de constater ou modifier l'état ou la capacité des personnes et la propriété des biens immeubles.

Les conservateurs du cadastre feront connaître les propriétaires des immeubles, et les conservateurs des hypothèques et de l'état civil, quelles ont été les circonstances qui ont pu modifier la capacité de ces propriétaires et les charges dont ils sont grevés.

Ces résultats seront obtenus sans froisser l'intérêt et l'existence des agens actuels, et sans dénaturer leurs fonctions; chacun d'eux

---

* ¹ Voyez ci-dessus, page 36.

4.

acquerra, au contraire, plus d'importance que par le passé.

En généralisant l'obligation de faire des actes publics, le projet met le trésor dans le cas de provoquer, plus tard, une diminution dans les droits déjà trop élevés de l'enregistrement.

Les diverses modifications apportées à quelques principes généraux du droit, améliorent ces principes en même temps qu'elles favorisent la publicité, qui est la base du système proposé.

Cette publicité n'a précisément pour objet que les actes que les lois actuelles réputent connus de tous : elle sert la morale publique, en stigmatisant le concubinage et rendant impossible le crime de bigamie ; elle forme une chaîne non interrompue des divers rapports qui existent entre les membres de chaque famille.

La France comprend déjà que le flambeau de la publicité, placé au milieu des actes de l'administration, est la plus forte garantie de ses droits constitutionnels ; elle comprendra bientôt qu'en exposant au grand jour *les actes publics* de la vie civile des citoyens, elle paralysera la fraude, fera renaître la confiance dans les transactions, et donnera une nouvelle impulsion aux progrès déjà si rapides de sa ci-vilisation.

Nous n'aurions point traité un sujet si grave, si nous n'y eussions été excités par les questions posées en tête de cette dissertation ; mais nous avons considéré qu'on ne pourrait que nous savoir gré d'avoir essayé de répondre au zèle philantropique de l'honorable auteur de ces questions ; c'est ce qui nous a déterminé à soumettre aux méditations des jurisconsultes, des administrateurs et des hommes d'état, le projet de loi suivant, que nous les prions de ne considérer, malgré son titre, que comme de simples vues sur la matière.

PROJET DE LOI

SUR

LE RÉGIME HYPOTHÉCAIRE,

LEQUEL PRESCRIT LA PUBLICATION DE TOUS LES
ACTES RELATIFS A L'ÉTAT DES CITOYENS ET A
LA PROPRIÉTÉ IMMOBILIÈRE.

Dispositions générales.

Art. 1er. Les conservateurs actuels des hypothèques prennent le titre de conservateurs des hypothèques et de l'état civil.

2. Les actes ayant pour objet de constater ou modifier l'état et la capacité des personnes, ou la propriété des biens immeubles, n'ont d'effet que par leur inscription au bureau du conservateur des hypothèques et de l'état civil du lieu du domicile, et sous le nom de ceux qui ont éprouvé des modifications dans leur état et leur capacité, ou consenti des aliénations ou affectations immobilières.

3. Des conservateurs spéciaux du cadastre sont chargés de suivre et constater, sur les plans et sur les autres pièces cadastrales, les mutations survenues dans les propriétés immobilières.

4. Les actes qui constatent des mutations de propriétés immobilières, quoique inscrits sur les registres du conservateur des hypothèques et de l'état civil, n'ont d'effet que par l'inscription qui en est faite, sur les pièces cadastrales, du lieu de la situation. Cependant, les mutations qui donnent lieu à des indivisions ne sont inscrites sur les pièces cadastrales que lorsque l'indivision a cessé.

Du domicile.

5. Chaque citoyen a pour domicile d'origine celui qui a été déclaré par son père ou sa mère dans son acte de naissance.

A défaut de déclaration de domicile par le père ou la mère, le lieu où l'acte de naissance a été dressé est considéré comme le domicile d'origine.

6. La ville de Paris est considérée comme le domicile d'origine des étrangers * et des Fran-
* çais nés en pays étranger, dont l'acte de

* naissance n'indique pas de domicile en
* France.

7. Le changement de domicile s'opère par
une déclaration expresse, passée devant notaire, inscrite au lieu du domicile que l'on se
propose de changer, et au lieu du domicile
nouveau.

8. Nul ne peut figurer dans un acte authentique, s'il ne représente un certificat de domicile.

9. L'officier public qui reçoit un acte sans
énoncer ce certificat est passible d'une amende
de mille francs.

10. Les certificats de domicile d'origine sont
délivrés par les conservateurs des hypothèques
et de l'état civil sur la représentation de l'acte
de naissance des réclamans.

Les individus existans à l'époque de la promulgation de la présente loi, justifient, en outre, d'un acte de notoriété constatant qu'ils
jouissent de leurs droits civils.

11. Les changemens de domicile sont constatés sur le certificat du domicile d'origine par
le conservateur du lieu du domicile qu'on se
propose de changer.

12. Les certificats de nouveau domicile ne

sont délivrés que sur la justification que les inscriptions existantes au précédent domicile ont été transmises au nouveau.

13. Les déclarations relatives au domicile politique sont inscrites au lieu du domicile réel.

14. Les changemens de résidence ne sont astreints à aucunes formalités, autres que celles exigées par mesure de police.

15. Sont abrogés les art. 102, 103, 104, 105 et 109 du Code civil, sur le domicile.

Des actes de l'état civil.

16. Les actes de l'état civil qui, aux termes de l'art. 43 du Code civil, doivent être déposés au greffe des tribunaux d'arrondissement, sont rédigés sur des cahiers mensuels, et transmis chaque mois au conservateur des hypothèques et de l'état civil de l'arrondissement, lequel
* en donne reçu et les dépose au greffe, après
* les avoir dépouillés sur ses registres. Les
* cahiers mensuels des actes de l'état civil
* sont exempts de timbre.

17. Ceux de ces actes qui doivent être inscrits dans des arrondissemens, autres que

celui où réside l'officier de l'état civil qui les a reçus, sont par lui transmis en simple extrait, dans les huit jours de leur réception, au conservateur de l'arrondissement, lequel les adresse, avant l'expiration du mois de la date desdits actes, au conservateur qui doit les inscrire.

Ces dispositions sont exécutées à peine de mille francs d'amende contre l'officier public qui y a contrevenu, et de tous dommages-intérêts.

Règles particulières à divers actes.

18. Les actes relatifs aux propriétés immobilières contiennent l'indication des numéros du cadastre dans les communes cadastrées, et dans celles qui ne le sont pas une désignation pour chaque parcelle, par contenance, tenans et aboutissans, à peine de mille francs d'amende contre les officiers publics qui ont reçu ces actes.

19. Les actes sous seing privé qui contiennent des stipulations relatives à des immeubles, n'ont d'effet qu'entre les parties contractantes, même après le décès des signataires.

20. Ils ne peuvent être présentés à l'enre-

gistrement qu'après avoir été déposés devant notaire; il est suppléé dans l'acte de dépôt aux indications exigées par la présente loi, et qui ne se trouvent point dans l'acte sous seing privé.

* 20,200. L'indication des numéros du cadas-
* tre est faite sur la représentation d'un cer-
* tificat du conservateur du cadastre, délivré
* sous le nom du dernier propriétaire.

* Ce certificat fait connaître les numéros
* limitrophes de chaque parcelle qui y est dé-
* signée et les noms de leurs propriétaires. Il
* est visé par l'officier public qui en fait usage
* *ne variatur*.

* 20,400. Lorsqu'un propriétaire est dans
* l'intention de diviser une parcelle cadastrée,
* il peut faire opérer tels projets de division
* qu'il juge convenable par le conservateur,
* qui en dresse procès-verbal.

* Il peut faire opérer le même projet de
* division par tel arpenteur juré de son choix
* dont le procès-verbal est visé par le conser-
* vateur du cadastre, qui en conserve la minute.

* 20,600. Les nouveaux numéros donnés aux
* parcelles nouvelles indiquées en l'article
* précédent, peuvent être cités dans les actes

* qui sont dressés en conséquence de ces pro-
* cès-verbaux.

   * Cependant ces numéros ne sont que pro-
* visoires. Les numéros définitifs ne sont don-
* nés par le conservateur du cadastre que lors-
* que l'acte de mutation lui est transmis pour
* être inscrit.

   * Ces derniers numéros sont les seuls qui
* puissent être cités dans l'inscription pres-
* crite par l'art 120,3oo.

21. Les dispositions des articles 18, 19, 20 et 20,2oo sont applicables aux baux à ferme ou à loyer de biens immeubles qu'on est dans l'intention d'opposer aux tiers.

21, 5oo. Tout acte ou paiement de capitaux, donnant lieu à un droit d'hypothèque légale, ne peut être fait que dans la forme authenti-que, à peine de nullité.

L'hypothèque qui en résulte ne prend rang, même au profit des mineurs ou interdits, que par la formalité de l'inscription.

22. Les femmes mariées ne peuvent contrac-ter d'obligations, même mobilières, que par acte devant notaire.

Les obligations sous seing privé souscrites par des femmes mariées, antérieurement à la présente loi, seront enregistrées dans le délai de six mois, à peine de nullité.

23. Les effets à ordre, de toute espéce, énoncent le véritable domicile des signataires ou endosseurs, à peine de faux ; le défaut d'indication de domicile est puni d'une amende de mille francs contre les souscripteurs, ou les notaires, si le billet est authentique. En cas de faillite, l'époque de l'ouverture ne peut être fixée en vertu de protêts d'effets négociables non conformes aux dispositions du présent article.

* 23,500. Les déclarations de mutations en * matière de succession sont faites par acte * passé devant notaire, avant d'être présen-* tées à l'enregistrement.

Tableau alphabétique des actes qui doivent être inscrits, avec indication des noms sous lesquels cette formalité doit être remplie.

24. ABSENCE. Sont inscrits au nom de l'absent, le jugement qui ordonne l'enquête, le jugement qui déclare l'absence, l'acte de réception de caution : ce dernier acte est en outre inscrit sous le nom de la caution.

L'article 118 du Code civil sur la publication des jugemens relatifs à l'absence est abrogé.

25. ACTION RÉELLE. L'exploit introductif d'instance ou le compromis ayant pour objet une action réelle ou possessoire, est inscrit sous le nom de celui contre lequel l'action est intentée.

26. ACTION RELATIVE A L'ÉTAT DES PERSONNES. Tout exploit introductif d'instance, ayant pour objet l'état et la capacité des personnes, est inscrit sous le nom de celui dont l'état peut être changé par l'exercice de l'action.

L'action en réclamation de maternité est inscrite sous le nom de l'enfant qui réclame et sous celui de la mère.

Si la mère est mariée, et que l'action soit fondée sur l'article 312 du Code civil, l'inscription a lieu sous le nom de l'enfant et sous celui du père.

Les actions en nullité de mariage sont inscrites sous le nom des deux époux.

27. ADOPTION. L'arrêt qui admet l'adoption est inscrit sous les noms de l'adopté et de l'adoptant.

28. ANTICHRÈSE. Le contrat constitutif d'une antichrèse est inscrit sous les noms de celui qui la consent.

29. ASSURANCE. Les polices d'assurances de

biens immeubles sont inscrites sous le nom de ceux qui possèdent les immeubles assurés. Les compagnies d'assurances font radier celles résolues avant le terme, sous peine d'être responsables de l'assurance envers les tiers, pendant le temps fixé par ces polices.

3o. Baux. Les contrats de baux de biens immeubles sont inscrits sous le nom de ceux auxquels les immeubles appartiennent.

31. Cession de biens. Sont inscrits sous le nom du cédant, la demande en cession et le jugement qui l'admet.

Sont abrogés l'article 9o3 du Code de procédure civile, l'article 573 du Code de commerce, et les dispositions de l'art. 569 du même Code, relatives à la publication des demandes en cession.

32. Cession de créance hypothécaire. *Voyez* Transport.

33. Collocation de sommes sur prix d'immeubles. Les actes contenant des collocations sur des prix d'immeubles, sont inscrits sous le nom du vendeur.

34. Command (déclaration de). *Voy.* Ventes.

35. Communauté (acceptation ou répudiation de). *Voyez* Succession.

36. COMPROMIS RELATIFS A DES IMMEUBLES. *Voyez* ACTION RÉELLE.

37. COMPTABLE. Les nominations de comptables sont inscrites, à la diligence du trésor public, sous le nom des titulaires.

38. CONCORDAT. *Voyez* FAILLITE.

39. CONGÉS. Les congés des employés de terre ou de mer sont inscrits sous le nom de ceux auxquels ils sont délivrés.

40. CONSEIL JUDICIAIRE. La demande à fin de nomination d'un conseil judiciaire, et le jugement qui la prononce, sont inscrits sous le nom de celui contre lequel la demande a été dirigée.

41. CONSTRUCTION. *Voyez* MARCHÉ POUR CONSTRUCTION.

42. CONTRAT DE MARIAGE. Les contrats de mariage sont inscrits sous le nom du futur, sans préjudice des inscriptions à faire sous le nom de la future ou de toute autre personne, pour raison de donations par elles consenties. *Voyez* DONATIONS.

43. CONTRAT D'UNION. *Voyez* FAILLITE.

44. CURATEUR. Les nominations de curateur sont inscrites sous le nom de la personne ou de la succession à laquelle le curateur est nommé.

45. Décès. Les décès sont inscrits sous le nom des personnes décédées.

46. Dessèchement. L'acte de concession de marais à dessécher est inscrit sous le nom du propriétaire du marais.

47. Domicile. Les actes de changement de domicile sont inscrits sous le nom de celui qui a déclaré vouloir en changer, aux lieux déterminés par l'article 7.

48. Donation. Les donations entre vifs ou à cause de mort, mobilières ou immobilières, sont inscrites sous le nom de la personne qui a consenti l'un de ces actes.

49. Droit civil (jouissance ou privation du). Sont inscrits sous les noms des intéressés, les actes de naturalisation, les autorisations données par le Roi à des Français d'accepter des fonctions publiques, conférées par des gouvernemens étrangers ; les autorisations de rentrer en France données à des Français qui ont perdu la qualité de Français ; les autorisations données à des étrangers d'établir leur domicile en France ; les jugemens criminels qui ont pour effet de priver les condamnés de tout ou partie de leurs droits civils.

50. Échange. Les actes d'échange sont ins-

crits sous le nom de chacun des échangistes.

51. ÉMANCIPATION. Les actes d'émancipation sont inscrits sous le nom des émancipés.

52. ENRÔLEMENT AU SERVICE DE TERRE OU DE MER. Les enrôlemens au service de terre ou de mer sont inscrits sous le nom de chacun des citoyens portés sur les registres matricules, soit volontairement, soit en vertu des lois sur le recrutement.

53. ÉTAT CIVIL. Les rectifications des actes de l'état civil sont inscrites sous les mêmes noms que les actes rectifiés. *Voyez* ACTION RELATIVE A L'ÉTAT DES PERSONNES.

54. FAILLITE. Sont inscrits sous le nom des faillis les trois premiers protêts qui précèdent la faillite dans le cours d'une année; la déclaration de faillite, à défaut de déclaration, le premier acte qui tend à la faire prononcer par justice; le jugement de déclaration de faillite; le jugement qui a homologué le concordat ou le contrat d'union.

La faillite confère de droit hypothèque au profit des créanciers sur les biens du failli.

Sont abrogés le paragraphe Ier. de l'article 457 et de l'article 5oo du Code de commerce.

55. FOLLE-ENCHÈRE. Le certificat prescrit

par l'article 738 du Code de procédure, et le jugement d'adjudication sur folle-enchère, sont inscrits sous le nom de celui sur lequel les biens ont été vendus avant la folle-enchère.

56. Hypothèque conventionnelle ou judiciaire. Les contrats constitutifs d'hypothèques conventionnelle ou judiciaire sont inscrits sous le nom de celui qui doit en être grevé.

57. Hypothèque légale. * Tous les actes
* desquels il résulte un droit d'hypothèque
* légale, et notamment les procès-verbaux de
* scellés et d'inventaire qui peuvent donner
* lieu à cette espèce d'hypothèque, sont ins-
* crits sous le nom de celui qui doit en être
* grevé.

* Néanmoins, les actes relatifs aux intérêts
* de sommes capitales déjà inscrites ne sont
* pas soumis à l'inscription.

58. Interdiction. La demande en interdiction et le jugement qui la prononce sont inscrits sous le nom de celui contre lequel la demande a été formée.

Les articles 501 du Code civil et 897 du Code de procédure sont abrogés.

59. Inventaire. Les procès-verbaux d'in-

5.

ventaire sont inscrits sous le nom de ceux dont les biens sont inventoriés.

60. JUGEMENT. Les jugemens rendus en matière réelle, ou sur l'état des personnes, sont inscrits au nom des personnes qu'ils concernent, d'après les distinctions établies aux mots *action réelle* et *action relative à l'état des personnes*.

61. LEGS. *Voyez* DONATION entre vifs ou à cause de mort.

62. LICITATION. Les jugemens d'adjudication sur licitations sont inscrits sous le nom de celui dont les biens sont devenus indivis, et non sous le nom des copropriétaires.

63. MANDAT D'ARRÊT. Les mandats d'arrêts sur poursuite criminelle ou correctionnelle sont inscrits sous le nom de ceux qui en sont l'objet.

64. MAIN-LEVÉE. Les mains-levées de toute espèce d'inscription sont inscrites sous le nom de ceux contre lesquels l'inscription avait été prise.

65. MAJORAT. Les constitutions de majorats sont inscrites sous les noms de ceux qui les ont constitués.

66. MARCHÉ POUR CONSTRUCTION. Les archi-

tectes, entrepreneurs, maçons et autres ou-
vriers, conservent le privilége stipulé dans
l'article 2103, n°. 4, du Code civil, par l'inscription faite sous le nom du propriétaire :

1°. Du procès-verbal qui constate l'état des
lieux;

2°. Du procès-verbal de réception des ou-
vrages.

La seule inscription des marchés conserve
l'hypothèque qui en résulte, à défaut de l'accomplissement des formalités nécessaires pour
établir le privilége.

67. MARIAGE. Les actes de célébration de
mariage sont inscrits sous les noms des deux
époux. *Voyez* CONTRAT DE MARIAGE.

68. MARIN. *Voyez* ENRÔLEMENT.

69. MILITAIRE. *Voyez* ENRÔLEMENT.

70. NAISSANCE. Les actes de naissance sont
inscrits sous le nom de l'enfant nouveau-né;
ils sont en outre inscrits, savoir : ceux des
enfans légitimes sous le nom du père, et ceux
des enfans naturels sous le nom du père et de
la mère, s'ils sont connus.

Les actes de reconnaissance d'enfant légi-
time ou naturel sont inscrits sous les mêmes
noms que les actes de naissance.

71. Naturalisation. *Voyez* Droit civil.

72. Nom. Les autorisations de changer de nom sont inscrites sous le nom de ceux qui les ont obtenues.

73. Partage. Les actes volontaires de partage sont inscrits sous les mêmes noms que les jugemens d'adjudication sur licitation. *Voyez* Licitation.

74. Protêt. Les protêts sont inscrits sous le nom de ceux sur lesquels ils ont été faits ; il ne peut en être inscrit plus de trois par année.

75. Séparation de biens et de corps. Sont inscrits sous les noms du mari, la demande en séparation de corps ou de biens, et le jugement qui la prononce. Sont abrogés le paragraphe Ier. de l'article 1445 du Code civil et les articles 866, 867, 868, 872 et 880 du Code de procédure.

76. Séquestre. Les actes qui établissent des séquestres sont inscrits sous le nom de celui des prétendans que la matrice cadastrale désigne comme propriétaire, sinon sous les noms de chaque prétendant à la propriété de l'immeuble litigieux.

77. Servitude. Les actes constitutifs de ser-

vitude sont inscrits sous le nom du propriétaire qui consent à en établir sur sa propriété.

78. SERMENT. Les sermens des titulaires de toute espèce de fonctions sont inscrits sous le nom de ceux qui les ont prêtés.

79. SOCIÉTÉ. Les actes de société sont inscrits sous le nom de chaque associé solidaire et sous le nom de la raison sociale. Les dissolutions de sociétés sont inscrites sous les mêmes noms que les constitutions de sociétés.

80. SUBROGATION. Les subrogations aux priviléges et hypothèques sont inscrites sous le nom du propriétaire obligé envers le créancier primitif.

81. SUBSTITUTION. Les actes qui contiennent des substitutions sont inscrits sous le nom du propriétaire qui a créé la substitution.

82. SUCCESSION. Les acceptations ou répudiations de succession ou communauté, les déclarations passées en vertu des lois de l'enregistrement, par les héritiers, légataires, donataires éventuels, ou par l'époux survivant, sont inscrites sous le nom des personnes décédées.

83. SURENCHÈRE. Les adjudications sur surenchère sont inscrites sous le nom de celui sur lequel la vente primitive a eu lieu.

84. TESTAMENT. *Voyez* DONATION A CAUSE DE MORT.

85. TRANSPORT. Les actes contenant transport de créances garanties par des immeubles, sont inscrits sous le nom du propriétaire qui s'est obligé personnellement à la créance ; * et * dans le cas où l'immeuble a changé de main, * sous le nom du tiers-détenteur.

86. TUTEUR. Les nominations de tuteur sont inscrites sous le nom du tuteur et sous le nom de la personne à laquelle un tuteur est nommé.

87. USUFRUIT. Les actes constitutifs d'usufruit sont inscrits sous le nom du propriétaire qui les consent.

88. VENTE. Les contrats de vente sont inscrits sous le nom du vendeur.

Du mode de l'inscription.

89. La formalité de l'inscription est substituée à celle de la transcription, dans tous les cas où elle est ordonnée par les lois actuellement en vigueur.

90. Les inscriptions à faire sous le nom d'un individu se font par le conservateur des hypothèques et de l'état civil de l'arrondissement

du lieu de son domicile, et par le conservateur du cadastre du lieu de la situation, dans les cas déterminés par l'article 4.

91. Les inscriptions énoncent sommairement les dispositions qui ne sont pas de droit commun et qu'on peut avoir intérêt d'opposer aux tiers; si elles ont pour objet des créances hypothécaires, elles indiquent l'époque de leur exigibilité.

92. Les inscriptions de créances contiennent élection de domicile en l'étude d'un notaire de l'arrondissement où elles ont été prises.

93. Celles faites par suite de procès-verbaux d'inventaire énoncent le montant de l'actif et du passif qui en résulte.

* 93,500. Les bordereaux d'inscription des ac-
* tes de mutations immobilières à transmettre
* au conservateur des hypothèques et de l'état
* civil, pour être inscrits sous le nom du ven-
* deur, énoncent seulement le nom de l'ac-
* quéreur et la désignation de l'immeuble, con-
* formément à l'article 18, sans indication des
* charges.

* Les bordereaux d'inscription à transmet-
* tre au conservateur du cadastre font connaî-
* tre, en outre, les numéros des parcelles qui,

* dans la main du vendeur, sont contiguës,
* de même nature et dans la même situation
* hypothécaire, pour que le conservateur en
* opère la réunion sur les plans et autres piè-
* ces cadastrales.

Des délais dans lesquels les inscriptions sont faites.

94. Les actes dont les extraits sont transmis aux conservateurs dans le mois de leur confection, ont effet à partir du jour de leur date réelle.

Les actes dont les extraits sont transmis après l'expiration du mois, n'ont d'effet qu'à une date antérieure d'un mois au jour du dépôt qui a été fait desdits extraits au bureau de la conservation.

95. Cependant les testamens et les droits d'hérédité ont effet à partir du jour du décès de l'auteur, s'ils sont inscrits dans les six mois qui suivent ce décès.

Passé ce délai, les aliénations faites par les héritiers putatifs sont valables.

De l'effet des inscriptions.

96. Les inscriptions ne sont point soumises

au renouvellement; elles ne se prescrivent, même à l'égard des tiers ; que par le temps réglé pour les droits qu'elles ont pour objet de conserver.

97. Les créanciers d'hypothèques générales ou judiciaires exercent leur action, d'abord sur les biens dont le débiteur est en possession ; en cas d'insuffisance, sur ceux qui ont été par lui aliénés, en commençant par le dernier acquéreur ; à la charge, toutefois, par ceux qui sont intéressés à ce mode de discussion, de faire l'avance des frais qu'il peut nécessiter.

98. Les inscriptions prises sur l'auteur ne grèvent les biens personnels de l'héritier pur et simple qu'autant qu'elles sont renouvelées nominativement contre ce dernier dans les six mois du jour du décès de l'auteur.

Des obligations imposées aux officiers publics pour assurer l'exécution de la formalité de l'inscription.

99. Les extraits des actes qui doivent être inscrits sont transmis par les officiers publics, qui en conservent les minutes, ou par ceux qui les ont reçus, lorsque ces actes sont en brevet, dans le délai déterminé par la loi,

même avant l'enregistrement, aux conservateurs qui doivent les inscrire, à peine de mille
francs d'amende contre les contrevenans, et
de tous dommages et intérêts au profit des
parties lésées.

 100. Néanmoins, ceux des actes ci-dessus
dans lesquels le ministère d'un avocat aux conseils ou d'un avoué est nécessaire, sont inscrits à la diligence de l'avocat au conseil ou
de l'avoué poursuivant.

101. Les huissiers sont chargés, sous les
peines portées en l'article 99, de faire inscrire
ceux des actes par eux dressés, qui sont soumis à cette formalité.

102. Les hypothèques judiciaires ne sont
inscrites qu'à la réquisition des parties intéressées.

103. *Après l'expiration du délai prescrit
* pour l'accomplissement de la formalité de
* l'inscription*, tous les actes indistinctement,
qui sont assujettis à l'inscription, sont revêtus
de cette formalité avant qu'on puisse les faire
signifier, s'en servir en justice, passer d'autres actes en conséquence ou en faire quelque autre usage public que ce soit, à peine de
nullité des procédures faites avant l'inscrip-

tion, *** et de mille francs d'amende contre les officiers ministériels qui ont occupé. Les notaires, greffiers et autres officiers publics sont tenus de faire mention dans les actes qu'ils passent, de l'inscription qui a été faite des actes soumis à cette formalité, de la date, du lieu et du nom sous lequel ils ont été inscrits, sous peine d'être garans du paiement des droits, et de mille francs d'amende pour chaque contravention.

104. Il est fait mention sur les minutes, expéditions et extraits des actes du lieu où ils ont été inscrits par les officiers qui ont requis l'inscription, à peine de mille francs d'amende.

105. Dans les successions où des femmes mariées sont intéressées, les scellés sont apposés ; il est dressé inventaire estimatif des objets mobiliers ; les partages ne peuvent être faits que par actes publics.

106. Les ministres respectifs donnent avis aux conservateurs des hypothèques et de l'état civil des individus qui ont été portés sur les registres matricules, comme employés de terre ou de mer.

Ils leur donnent également avis de la délivrance des congés.

Des droits d'inscription et des salaires des conservateurs.

107. Les actes soumis à l'inscription donnent lieu, lors de l'enregistrement, à une perception d'un cinquième en sus du droit principal. •

108. Le salaire des conservateurs des hypothèques et de l'état civil, pour toute inscription faite sur leurs registres, est d'un franc.

Ils ont, en outre, droit à une perception de vingt-cinq centimes pour la reconnaissance des dépôts d'extraits d'actes qui leurs sont remis pour être inscrits. Les certificats qu'ils délivrent leur sont payés à raison d'un franc par rôle.

108,5oo. * Chaque extrait d'inscription ou
* certificat qu'il n'en existe aucune, est rétri-
* bué à raison d'un franc.

109. Les inscriptions à faire par suite du dépouillement des actes de l'état civil sont gratuites.

110. Les inscriptions à faire sur la réquisition des greffiers criminels sont faites en débet.

111. Les conservateurs du cadastre ont droit

à une perception de cinquante centimes par parcelle, pour constater les simples mutations de propriétaires sur les pièces cadastrales.

Les mutations qui donnent lieu à des changemens sur les plans sont rétribuées à raison d'un franc par parcelle.

Les certificats d'origine de propriété à délivrer par les conservateurs du cadastre sont payés à raison d'un franc par parcelle.

Il sera dressé un tarif spécial pour les copies de plans.

Des registres des conservateurs.

112. Les registres des conservateurs des hypothèques et de l'état civil sont en papier libre ; tous les ans, il est paraphé un certain nombre de feuilles portant une seule série de numéros, avec indication de l'année où le paraphe a été apposé. Lorsque le conservateur emploie une de ces feuilles, il indique, sur un registre-journal tenu à cet effet, le nom du citoyen pour lequel elle a été consacrée, et il fait mention sur cette feuille du jour où il a commencé à l'employer, et du numéro correspondant au livre-journal. L'ordre alphabétique parfait est toujours observé entre les noms

des divers citoyens domiciliés dans le même arrondissement.

113. Les autres dispositions du Code civil sur les registres des conservateurs, continuent de recevoir leur exécution.

Des certificats à délivrer par les conservateurs * et les notaires. *

114. Les conservateurs du cadastre délivrent, sous leur responsabilité, à tous requérans, des certificats indicatifs des divers propriétaires qui ont successivement possédé les mêmes parcelles depuis la promulgation de la présente loi, en faisant connaître les divisions ou les réunions dont ces parcelles ont été l'objet.

115. Les notaires délivrent, sous leur responsabilité, et d'après les pièces qui leur sont représentées par les parties requérantes, des certificats d'origine des propriétés, remontant à dix ans au moins avant la promulgation de la présente loi.

115,500. Ils délivrent également des certificats indicatifs des divers propriétaires qui ont successivement possédé les mêmes parcelles depuis la promulgation de la présente loi, dans les communes non cadastrées.

116. Sur le vu * de ceux des certificats ci-* dessus qui leur sont représentés, * les conservateurs des hypothèques et de l'état civil délivrent à tous requérans copies des inscriptions grevant chacun des propriétaires qui ont possédé les mêmes parcelles, * ou seulement tel * propriétaire désigné. *

117. Cependant les conservateurs des hypothèques et de l'état civil ne délivrent pas copies des inscriptions radiées ou déclarées telles par la présente loi.

118. Sont considérées comme radiées de plein droit les inscriptions prises en vertu de contrats de mariage, non suivis de célébration;

Celles prises en vertu de protêts, non suivies dans l'année d'une déclaration de faillite.

119. Sont également considérées comme radiées de plein droit les inscriptions prises, en matière de faillite, après la réhabilitation des faillis; en matière criminelle, après l'expiration des peines prononcées par les arrêts qui ont porté atteinte aux droits civils

120. En cas de mutations immobilières, par suite de succession, les conservateurs ne dé-

livrent de certificats que dans les six mois du décès.

* 120,300. Sur le vu du certificat délivré par
* le conservateur des hypothèques et de l'état
* civil, et dans les deux mois de l'inscription
* des actes de mutations de propriété immobi-
* lière, les officiers publics qui ont reçu ces
* actes dressent un certificat des charges sous
* lesquelles l'immeuble est acquis au nouveau
* propriétaire, et ils en opèrent l'inscription
* sous son nom, en indiquant les parcelles qui
* en sont l'objet.

* Si l'immeuble n'est grevé d'aucune charge,
* ils en font mention dans le certificat.

* 120,600. Sauf l'action des tiers contre l'of-
* ficier qui a reçu l'acte de mutations, l'acqué-
* reur n'est tenu que des charges exprimées
* dans le certificat ci-dessus, inscrit dans le
* délai prescrit.

* 120,900. Les dispositions des deux articles
* qui précèdent ne s'appliquent point aux actes
* qui donnent lieu à des indivisions.

De l'hypothèque sur soi-même.

121. Au nombre des diverses manières de

conférer volontairement hypothèque, est comprise celle qui accorde à tout propriétaire la faculté de prendre hypothèque sur lui-même, pour un temps déterminé qui ne peut excéder dix années, par la voie de cédule hypothécaire.

122. Les cédules hypothécaires sont délivrées par le conservateur des hypothèques et de l'état civil, sans examen préalable, dans la forme du modèle ci-annexé[1], sur le vu d'une déclaration expresse passée à cet effet devant notaire. La souche originale reste entre les mains du conservateur qui les a délivrées, pour que les cédules puissent être confrontées au besoin.

123. Elles sont expédiées pour les échéances, et dans les coupures déterminées par le requérant ; elles sont signées par lui ou son fondé de procuration spéciale et authentique, et par le conservateur des hypothèques et de l'état civil, aux endroits désignés sur le modèle[1].

124. Elles sont assurées, après examen préable, par une ou plusieurs compagnies anonymes que le gouvernement autorise spécialement à cet effet.

[1] Ce modèle sera le même que celui joint à la loi de l'an III.

6.

125. Les cédules hypothécaires ainsi assurées sont transmissibles, non point au porteur innommé, mais par la voie de l'endossement à ordre; elles forment un titre exécutoire contre les citoyens qui les ont souscrites, au profit de ceux à l'ordre desquels elles sont passées.

126. Il n'y a aucun recours de garantie d'un endosseur à l'autre, excepté seulement en cas de faux.

127. La circulation des cédules par la voie de l'endossement nominatif à ordre, ne peut être arrêtée entre les mains du possesseur par aucune opposition principale, ou en sous-ordre.

De l'assurance de la valeur vénale des propriétés.

127,250. Pour faciliter les transactions relatives aux immeubles, leur valeur vénale peut être assurée par des compagnies anonymes que le gouvernement autorise à cet effet.

127,500. Lorsque le temps fixé pour l'assurance de la valeur vénale d'une propriété est expiré, l'immeuble assuré est vendu en justice dans la forme des expropriations forcées, à la réquisition, soit de la compagnie qui a stipulé l'assurance, soit des créanciers dans l'intérêt desquels elle a eu lieu ; si mieux n'aiment ces derniers reconnaître*que l'immeuble a la valeur stipulée dans la police, et décharger la compagnie de son assurance.

127,750. A défaut par la compagnie de requérir la vente judiciaire, l'assurance continue par tacite reconduction jusqu'à ce que la vente ait eu lieu sur les poursuites d'autres intéressés.

127,800. En cas de demande en réduction d'hypothèque générale, la valeur des immeubles auxquels l'hypothèque doit être restreinte, peut être fixée d'après une police d'assurance stipulée conformément à l'article 127,250.

Dispositions transitoires.

128. Les droits réels de toute espèce, actuellement existans et nouvellement soumis à l'inscription, seront inscrits dans le délai d'un an au lieu de la situation des immeubles, et sous le nom de ceux qui ont reconnu ces droits.

Si ces derniers ont cessé d'être propriétaires des immeubles qui y sont soumis, l'inscription sera prise contre l'un des tiers-détenteurs, acquéreurs depuis moins de dix ans.

Passé ce délai, les droits ci-dessus n'auront d'effet, à l'égard des tiers, qu'à partir du jour où ils auront été inscrits dans la forme voulue par la présente loi.

128,500. A l'égard des droits réels, déjà inscrits sur les registres des conservateurs des hypothèques, sous le nom d'individus qui ont cessé depuis plus de dix ans d'être propriétaires des immeubles affectés à ces droits, ils sont inscrits, dans le même délai d'un an, contre l'un des tiers-détenteurs, acquéreurs depuis moins de dix ans, à peine de déchéance.

* 128,750. Les contrats translatifs de pro-
* priétés, enregistrés, mais non transcrits
* avant la promulgation de la présente loi, au-
* ront effet à l'égard des tiers sans être as-
* treints à la formalité de l'inscription.

* Toutefois, les derniers acquéreurs ne
* pourront consentir de droits réels sur leur
* propriété, qu'après avoir fait inscrire leur
* titre comme il est dit en l'article 128.

129. Les baux qu'on est dans l'intention d'opposer aux tiers sont compris dans les dispositions de l'article 128.

* 130. Dans tous les cas où l'inscription est
* ordonnée par la présente loi, dans l'intérêt

« des femmes et des mineurs, cette inscrip-
« tion sera prise dans le délai ci-dessus par les
« maris ou les tuteurs, sous les peines du stel-
« lionnat, à l'égard des parties lésées par le
« défaut d'inscription.

« 131. Les subrogés tuteurs seront tenus,
« sous leur responsabilité personnelle et sous
« peine de tous dommages et intérêts, de veil-
« ler à ce que ces inscriptions soient prises dans
« le délai prescrit sur les biens des tuteurs,
« pour raison de leur gestion, même de faire
« faire lesdites inscriptions.

« 132. A défaut par les maris, tuteurs, su-
« brogés tuteurs, de faire faire les inscriptions
« ordonnées par les articles précédens, elles
« seront requises par le procureur du roi près
« le tribunal de première instance du domicile
« des maris et tuteurs, ou du lieu de la situa-
« tion des biens.

« 133. Les parens et amis, soit du mari, soit
« de la femme, et les parens et amis des mi-
« neurs qui auront concouru à ce titre à la cé-
« lébration d'un mariage ou à la nomination
« d'une tutelle, ou à tout autre acte susceptible
« d'être inscrit, seront tenus, sous leur respon-
« sabilité solidaire, de veiller à ce que lesdites

* inscriptions soient prises dans le délai utile.
 * Ces inscriptions pourront aussi être re-
* quises par les femmes et par les mineurs.
 * 134. Les actes de soumissions de caution-
* nemens fournis depuis moins de trente ans
* pour l'administration des biens de person-
* nes déclarées absentes, et qui ne seront
* point encore inscrits, le seront dans le délai
* d'un an sur les immeubles affectés à ces cau-
* tionnemens, à la diligence des greffiers dé-
* positaires des actes ci-dessus, sous peine de
* cent francs d'amende pour chaque contraven-
* tion et de tous dommages et intérêts.
 * 135. Dans le cas des articles 131, 132,
* 133 et 134, l'avance des frais d'inscription
* ne sera point faite par l'inscrivant; le con-
* servateur n'aura de recours que contre le
* débiteur.
 * 136. Les art. 128 à 135 de la présente loi
* seront affichés dans toutes les communes du
* royaume, à deux reprises différentes, dans
* les six premiers mois de leur promulgation.

DU CADASTRE.

DISSERTATION SUR CETTE MATIÈRE.

En exposant nos vues d'amélioration du régime hypothécaire actuel [1], nous n'avons fait qu'indiquer sommairement comment le cadastre devait concourir à l'exécution du système proposé, nous réservant de parler ensuite du cadastre considéré comme base de la perception de l'impôt foncier et comme moyen d'amélioration du régime hypothécaire.

Cette matière intéresse tous les propriétaires de biens immeubles; on la croit généralement plus compliquée et plus aride qu'elle ne l'est réellement.

Le cadastre eut d'abord pour objet d'établir une juste répartition de l'impôt foncier entre toutes les parties du territoire français.

Le gouvernement fit exécuter cette grande opération à ses propres frais, pour remédier

[1] *Voyez* la Gazette des Tribunaux des 11 et 31 octobre et 2 novembre 1828.

aux inégalités de répartition qui se faisaient remarquer, non-seulement entre les propriétaires d'une même commune, mais encore entre ceux des différens départemens.

Un grand nombre de communes ont été cadastrées; il en est résulté plus de justice dans les répartitions individuelles.

Mais, pour arriver à la même égalité entre tous les départemens, il eût fallu que le cadastre eût été entièrement terminé, et l'on ne pouvait obtenir ce résultat que par une longue suite d'années. Cette considération a fait modifier le système.

En 1819, les prix des baux et des actes de ventes ont été comparés aux taux de la contribution : ce calcul a conduit à déterminer approximativement les revenus imposables des départemens et à fixer provisoirement leurs contingens.

Dès ce moment, le gouvernement n'a présenté le cadastre aux contribuables que comme un moyen de niveler l'impôt entre les propriétaires de chaque commune, conservant en lui le projet de s'en servir plus tard, lorsqu'il serait entièrement terminé, * pour répartir

* l'impôt par une balance générale, propor-

* tionnellement entre les communes de chaque
* canton ,* entre les cantons de chaque arrondïs-
sement et entre les arrondissemens de divers
départemens. Il a considéré les dépenses qu'il
avait faites jusqu'alors comme ayant eu l'utilité
de prouver * que cette grande mesure était
* réellement susceptible d'exécution.*

Par suite de ces principes, la loi du 21 juil-
let 1821 a circonscrit les opérations cadastrales
dans chaque département.

Elle a autorisé les conseils généraux à voter
annuellement, pour cet objet, jusqu'à trois
centimes pour franc du principal de leur contribution foncière.

Elle a décidé qu'il serait fait annuellement
un fonds commun pour venir au secours des
départemens dont les ressources seraient in-
suffisantes.

Par cette mesure, les départemens ont été
rendus libres de continuer le cadastre avec
plus ou moins de célérité, selon le degré d'importance qu'ils attachaient à cette opération.

Les conseils généraux, jaloux d'arriver à
l'égalité proportionnelle de l'impôt, ont tous
voté les fonds nécessaires pour la continuation
du cadastre.

Les propriétaires sont maintenant convain-
cus que le cadastre est le seul moyen d'obtenir
cette proportion tant désirée; mais plus on est
persuadé de cette vérité, plus on sent combien
il serait important que l'administration prît,
sans délai, des mesures propres à conserver,
pour l'avenir, les résultats d'une opération qui
a coûté des sommes si considérables à l'État et
aux contribuables.

Les fondateurs du cadastre ont assez fait en
déterminant le gouvernement à entreprendre
cette opération.

Ils ont dû laisser au temps le soin de démon-
trer la nécessité d'en conserver les résultats
pour l'avenir.

Ce temps est arrivé. Il suffit d'examiner en
quoi consiste le travail actuel du cadastre pour
en acquérir la certitude.

Il consiste à lever le plan parcellaire des différentes propriétés d'une commune; à évaluer
chaque héritage, de manière à composer un tableau indicatif présentant, sous le numéro de
chaque parcelle, sa contenance, son revenu et
le nom de son propriétaire.

A l'aide de ce tableau, on dresse une matrice
cadastrale, dans laquelle on réunit, sous le

nom de chaque propriétaire, les parcelles qui se trouvent dans le tableau indicatif des propriétés.

On connaît ainsi le revenu total des propriétaires, celui de la commune, et l'on est à portée de répartir entre tous les contribuables de cette commune le contingent qui doit être perçu chaque année.

L'année suivante, un agent de l'administration est chargé d'aller s'enquérir, sur les lieux, si des parcelles ont changé de propriétaires, ou si elles ont été divisées ou réunies, et de recevoir, à cet effet, les déclarations des parties intéressées.

Ces changemens sont constatés sur la matrice cadastrale, mais ils ne sont pas appliqués sur le plan, de sorte que, dans les communes cadastrées depuis un certain temps, cette dernière pièce n'est plus en harmonie avec l'état actuel des propriétés.

Si l'on n'apporte un remède à cet état de choses, il arrivera une époque où les plans dressés à grands frais ne seront plus d'aucune utilité.

Ces inconvéniens sont généralement sentis.

Plusieurs départemens ont exprimé le vœu

que le gouvernement entrât dans un meilleur système d'exécution et de conservation du cadastre.

Le plan proposé a pour objet de répondre à ce vœu.

Il consiste à exécuter le cadastre à l'avenir d'après un mode qui permettra d'entretenir les mutations sur le plan et sur la matrice cadastrale, et à ramener successivement à ce mode les communes cadastrées jusqu'à ce jour.

On obtiendra ce résultat en instituant des agens qui, sous le titre de conservateurs du cadastre, seront chargés spécialement de l'entretien des mutations des propriétés sur les pièces du cadastre.

Les mutations, au lieu d'être l'objet de déclarations faites par les propriétaires presque toujours très-long-temps après qu'elles ont eu lieu, parviendront à l'administration par l'intermédiaire des officiers publics qui auront reçu les actes destinés à les constater.

Pour apprécier ce plan dans ses détails, il convient d'examiner séparément :

1°. La nouvelle organisation des agens de la partie d'art du cadastre ;

2°. Les travaux dont ils seront chargés dans les communes restant à cadastrer;

3°. L'application du nouveau mode aux communes déjà cadastrées;

4°. Le mode de transmission des extraits d'actes de mutations aux conservateurs du cadastre;

5°. Les conséquences financières de la nouvelle organisation.

En entrant dans chacun de ces sujets, on aura soin de faire connaître l'état actuel des choses, pour le comparer à celui que nous proposons de mettre en vigueur.

Organisation des agens de la partie d'art du cadastre.

Dans l'état de l'organisation actuelle du cadastre, il y a dans chaque département un directeur, qui est le chef de l'administration du cadastre et des contributions directes. Tous les agens lui sont subordonnés.

Un géomètre en chef, placé sous sa surveillance, fait exécuter toutes les opérations de la partie d'art. Des géomètres de première et deuxième classe exécutent les travaux de l'arpentage, sous les ordres du géomètre en chef.

Lorsque les matrices cadastrales ont été rédigées, les contrôleurs vont recueillir les déclarations de mutations, et ils les appliquent sur les matrices des communes, après les avoir communiquées au directeur.

Dans le mode proposé, l'organisation actuelle des agens de la partie d'art recevra peu de modifications.

La principale consistera dans la création des conservateurs spéciaux du cadastre, chargés de l'entretien des mutations.

Cette organisation sera déterminée comme il suit :

Il y aura dans chaque département un ingénieur du cadastre.

Il sera chargé de diriger l'exécution de l'arpentage, de vérifier les opérations géométriques, de calculer les plans et de surveiller les travaux relatifs à la perpétuation du cadastre.

Il aura sous ses ordres immédiats un nombre de sous-ingénieurs, proportionné aux besoins du service.

Il résidera au chef-lieu du département ;

mais il sera tenu de faire de fréquentes tournées pendant l'exécution de l'arpentage.

Les sous-ingénieurs seront chargés de la délimitation, de l'arpentage et de la conservation du cadastre.

Ils seront choisis parmi ceux des géomètres actuels de première et de deuxième classe, qui réunissent le plus d'instruction et de capacité.

Par cette mesure, l'administration saisira l'occasion de récompenser d'utiles employés qui se sont voués à la confection du cadastre, quoiqu'il ne leur présentât jusqu'ici qu'un avenir incertain.

Après la nouvelle organisation, nul ne pourra être nommé sous-ingénieur qu'après avoir subi un surnumérariat, qui devra garantir sa capacité et son aptitude.

Les sous-ingénieurs-conservateurs seront placés de manière à n'être point trop éloignés des communes situées aux extrémités de leurs conservations respectives.

Leurs fonctions seront importantes : dépositaires de toutes les pièces constatant les mouvemens des propriétés, ils ne se borneront pas à leur seule mission d'agens du cadastre.

Le gouvernement les obligera à délivrer,

sous leur responsabilité, des certificats des mutations successives survenues dans chaque parcelle.

Ces certificats offriront des garanties pour l'établissement des preuves de l'identité de la propriété, en cas de vente ou d'affectation hypothécaire.

Combien ne sera-t-il pas avantageux pour les particuliers d'avoir, au sein de leurs foyers, un agent qui pourra répondre à ces questions, restées jusqu'ici sans solution!

Quelle est la figure originaire de telle parcelle? Est-elle le résultat de réunions ou de divisions? Quels ont été les propriétaires qui ont possédé successivement les fractions qu'elle a produites ou qui lui ont été réunies?

L'institution d'agens à portée de répondre à ces questions concourra d'une manière efficace aux améliorations dont le régime hypothécaire est susceptible, et dont nous avons parlé plus haut.

Les conservateurs du cadastre pourront être chargés d'expertises, soit par les tribunaux, soit par les justiciables.

Ils procéderont à l'amiable aux divisions de propriétés, lorsqu'ils en seront requis.

Les pièces dont ils seront dépositaires les mettront à même de bien remplir ces missions conciliatrices, qu'il suffit d'indiquer pour donner une idée de l'importance de l'institution de ces agens.

Ils délivreront copie ou extrait des plans et autres pièces cadastrales.

Les attributions qui seront conférées aux conservateurs seront de nature à leur concilier la confiance du public, en même temps qu'elles donneront au gouvernement le moyen de maintenir l'égalité proportionnelle de l'impôt foncier entre les citoyens d'un même territoire.

Il sera établi des surnuméraires pour la partie d'art du cadastre.

Ils travailleront sous les yeux des sous-ingénieurs.

Pour être admis au surnumérariat, il faudra, outre une bonne écriture et la connaissance de la langue française, posséder :

L'arithmétique,

La géométrie élémentaire,

La trigonométrie rectiligne,

Le dessin topographique.

Cette mesure garantira, à l'avenir, la capacité des agens du cadastre.

Les salaires des conservateurs du cadastre seront payés directement par les parties requérantes, d'après un tarif qui sera dressé à cet effet. A ce moyen, leur institution ne sera point à charge à l'État ni aux communes.

Pour assurer l'ensemble et l'exactitude des opérations, il sera établi des vérificateurs du cadastre; ils surveilleront les travaux des ingénieurs de département, et tous les agens de la partie d'art.

Ils commenceront leurs tournées dans le mois d'avril de chaque année, et ils rentreront en décembre à l'administration centrale.

En résumé, dans l'organisation proposée, les conservateurs rempliront des fonctions essentiellement utiles à l'État et aux citoyens.

Le sort des géomètres actuels sera amélioré; leur émulation sera excitée.

Ils seront encouragés par l'espoir de parvenir aux places de conservateurs.

Les vérificateurs assureront un parfait ensemble dans l'exécution des opérations.

Ils pourront éclairer l'administration sur les améliorations dont le service leur paraîtra susceptible.

De la confection du cadastre dans les communes restant à cadastrer.

Dans le mode actuel, on confectionne un plan-minute et un tableau indicatif minute.

Ces pièces restent dans leur premier état, quelles que soient les mutations qui surviennent sur le terrain.

Pour parvenir à rédiger la matrice cadastrale minute, on dresse des bulletins constatant les diverses propriétés possédées par chacun des propriétaires d'un même territoire.

Lorsque ces bulletins ont été communiqués aux parties, et rectifiés, ils sont copiés pour composer une matrice cadastrale minute.

On fait une transcription de toutes ces pièces pour la commune.

Les matrices cadastrales sont rédigées sur papier raisin in-folio.

Une ou plusieurs pages de ce format sont consacrées à chaque propriétaire.

Lorsque ces pages ont été épuisées, on est obligé d'inscrire sur un second volume les parcelles nouvellement acquises, en renvoyant d'un volume à l'autre ; et lorsque ces volumes sont par trop surchargés de ratures, on est forcé de procéder à la refonte totale de la matrice-minute et de celle de la commune.

L'ordre alphabétique étant presque toujours interverti, on est obligé de rédiger et renouveler souvent une table alphabétique, afin de faciliter les recherches.

Pour parvenir à opérer les mutations sur les matrices cadastrales, les contrôleurs parcourent les différentes mairies, afin d'y recueillir les déclarations des propriétaires ayant acquis ou vendu des propriétés.

Ces déclarations sont transmises au directeur, lequel en fait l'application sur les matrices cadastrales déposées dans ses bureaux, et il dresse un état de situation ancienne et nouvelle, qu'il transmet au contrôleur, en lui renvoyant les déclarations.

Le contrôleur fait la même application sur la matrice cadastrale déposée dans la commune.

Ce mode a le grave inconvénient, déjà signalé, de ne pas permettre de suivre les mutations sur le plan, et de rendre inutiles, au bout d'un certain temps, les dépenses considérables qui ont été faites pour établir cette pièce.

L'entretien des mutations sur la matrice cadastrale du département et sur celle de la commune, multiplie les écritures, sans nécessité, pour le service.

L'impossibilité où l'on est de maintenir l'ordre alphabétique, autrement que par le moyen d'une table, est un véritable inconvénient.

La refonte de ces pièces donne lieu à des travaux et à des dépenses considérables.

Dans le nouveau mode, les matrices cadastrales, sans présenter les inconvéniens qui viennent d'être signalés, seront exécutées de manière à être tenues au courant de tous les changemens qui pourront s'opérer dans les propriétés.

On obtiendra ces résultats à l'aide du procédé de reliure mobile déjà employé avec succès pour l'exécution des codes progressifs; procédé qui permet d'intercaler et de supprimer à l'infini des feuilles dans un volume dont l'aspect est toujours semblable à celui des livres ordinaires.

Par l'application de ce procédé, les matrices cadastrales des communes seront rendues perpétuelles et toujours tenues au courant de l'état présent des propriétés.

Ce procédé ne sera point appliqué aux matrices cadastrales minutes.

Il a paru inutile d'y entretenir les mutations.

C'eût été doubler inutilement le travail que de suivre à la fois les mutations sur les pièces d'une conservation, et sur celles du département.

On n'eût pu travailler au chef-lieu du département que d'après les renseignemens transmis par les conservateurs du lieu de la situation.

Il était plus naturel de laisser ces agens opérer directement sur les pièces des communes, en les soumettant, pour cet objet, à la surveillance active des ingénieurs du département.

Les administrateurs d'un chef-lieu ne doivent jamais avoir à s'occuper d'application de détails.

En supprimant l'entretien des mutations au chef-lieu du département, on se procurera les moyens de les opérer dans les conservations avec infiniment plus de précision, et sans augmenter les dépenses.

Ce n'est que pour le cas d'incendie qu'on aurait pu se déterminer à continuer l'entretien des mutations au chef-lieu du département.

Mais nous avons écarté ce motif, en considérant que les conservations des hypothèques ne sont point organisées dans la prévoyance de l'incendie ; que les notaires ne font pas de doubles minutes de leurs actes dans la même prévoyance.

Cette considération peut porter à faire quelques travaux de plus pour y faire droit ; mais lorsqu'il s'agit de les doubler, on doit plutôt l'abandonner, pour ne point donner lieu à des dépenses trop considérables.

Pénétré de ces réflexions générales, on pourra mieux apprécier cette partie du projet dans ses détails.

Les travaux du cadastre, suivant le nouveau mode, consisteront en ce qui suit :

1°. Les plans ;

2°. Les tableaux indicatifs ;

3° Les matrices cadastrales ;

4°. Les déclarations de mutations.

1°. *Le plan-minute* sera dressé sur papier grand-aigle, conformément aux instructions actuelles. (Modèle n°. 1er.)

Il sera dressé deux copies du plan :

La première sur papier jésus, in-4°. ; elle prendra le titre d'atlas portatif ;

La deuxième sur papier grand-aigle, in-folio ; elle prendra le titre de plan perpétuel. (Modèle n°. 2.)

L'atlas portatif servira de croquis pour figurer et coter les mutations sur le terrain.

La copie in-folio sera exécutée au simple trait ; elle servira à établir les divisions ou les réunions de parcelles, les constructions, les démolitions, et généralement tous les changemens de figure que peut subir le terrain. (Modèle n°. 2.)

Les divisions s'opéreront au moyen de lignes inter-ponctuées, tracées dans l'intérieur de la parcelle divisée.

Les nouvelles parcelles, qui en seront le résultat, seront désignées par des lettres alphabétiques, jointes au numéro primitif.

Ainsi, par exemple, la parcelle n°. 28, divisée entre deux propriétaires, deviendra les parcelles n°⁵. 28 *a*, 28 *b*.

La parcelle n°. 28 *b*, subdivisée en trois, deviendra les parcelles n°⁵. 28 *c*, 28 *d*, 28 *e*. (*Ibid.*)

La réunion de plusieurs parcelles se constatera par une flèche qui traversera la ligne primitive de séparation des parcelles réunies.

Dans ce cas, la parcelle n°. 7, par exemple, réunie à celle n°. 8, deviendra la nouvelle parcelle n°. 8 *a*. (*Ibid.*)

Les lettres destinées à désigner les nouvelles figures provenant de divisions ou de réunions, seront toujours placées, autant que possible, au centre de chacune de ces figures.

Par ce moyen, le plan fera toujours connaître l'état présent du terrain et tous les changemens survenus depuis l'arpentage.

Lorsque, par l'effet du temps, une feuille du plan présentera un trop grand nombre de modifications, elle sera remise au net, suivant la disposition des parcelles, au moment de cette transcription, sans égard aux mutations intermédiaires.

2°. *Les tableaux indicatifs* seront destinés à faire connaître, dans l'ordre des numéros du plan, la situation, la contenance, la classe, le revenu des parcelles, et les propriétaires qui les ont possédées au moment de l'exécution des travaux. (Modèle n°. 3.)

Un seul tableau indicatif sera dressé pour chaque commune. Il a été démontré plus haut qu'il était inutile de déposer un double des pièces cadastrales au chef-lieu du département, puisqu'on ne doit plus y entretenir les mutations.

3°. *La matrice cadastrale* sera rédigée en minute simple et en copie perpétuelle.

La minute fera connaître, par ordre alphabétique de propriétaires, les différentes parcelles que chacun possédera au moment des opérations.

Pour parvenir à la rédaction de cette minute, on dressera des bulletins conformes à ceux que l'on exécute maintenant.

Lorsque ces bulletins auront été communiqués aux propriétaires et rectifiés, on les transformera en matrice cadastrale minute.

Les ratures ou autres rectifications opérées sur ces bulletins n'offriront point d'inconvéniens.

Les mutations n'étant point entretenues sur la matrice-minute, il sera inutile de la mettre au net.

Les bulletins communiqués étant toujours revêtus de la signature des propriétaires, ou de celle du maire, constituent réellement la matrice-minute, et les rectifications, opérées par l'effet de la communication, lui donnent véritablement ce caractère.

Dans le mode actuellement suivi, on a jugé qu'il était impossible d'éviter de copier les bulletins, pour former une matrice-minute, attendu qu'on entretient les mutations sur cette matrice au chef-lieu du département ; mais, en instituant des conservateurs chargés spécialement de ce travail, il serait superflu de disposer la matrice-minute, comme si les mutations devaient y être effectuées.

Le mode proposé devra nécessairement produire une économie majeure dans les frais de confection des matrices cadastrales.

La matrice perpétuelle sera rédigée par bulletins ; elle fera connaître, sous le nom de chaque individu présenté dans l'ordre alphatique parfait, les différentes parcelles par lui possédées depuis l'établissement du cadastre.

Sa perpétuation sera due au procédé de reliure mobile dont on a parlé plus haut.

Les mutations de toute espèce y seront constatées comme suit. (Modèle n°. 4.)

Lorsqu'un individu cessera de posséder une ou plusieurs parcelles, on les rayera légèrement, en indiquant à droite du bulletin le nom du nouveau propriétaire. (*Voyez* le n°. 2 du modèle ci-dessus.)

On les transportera ensuite à l'article de ce nouveau propriétaire, en inscrivant à gauche de son bulletin le nom du propriétaire précédent.

Si une parcelle vient à être divisée , on la rayera sur le bulletin du propriétaire auquel elle appartenait ; on reportera à nouveau , au bas de ce bulletin, les diverses parcelles qu'elle aura produites , en rayant seulement celles de ces nouvelles parcelles qui auront passé à de nouveaux propriétaires , et laissant subsister celles conservées par le propriétaire primitif. (*Voyez* les nᵒˢ. 1 , 8 , 9 , 10 et 11 du modèle ci-dessus.)

Lorsqu'une nouvelle parcelle , transportée à l'article d'un propriétaire , se réunira à une autre parcelle qu'il possédait déjà , on rayera les deux parcelles réunies , pour n'en former qu'une non rayée sur le même bulletin. On conservera trace de cette opération par des numéros de renvoi sur le bulletin où elle aura lieu. (*Voyez* les nᵒˢ. 5 , 12 et 13 du modèle ci-dessus.)

Les feuilles de la matrice cadastrale perpétuelle ne seront jamais réexpédiées , quelque raturées qu'elles puissent être.

Si un individu cesse d'être propriétaire, son bulletin sera enlevé du volume et classé, par ordre alphabétique, parmi les anciens propriétaires.

Les propriétaires nouveaux seront classés dans la matrice perpétuelle, à l'ordre alphabétique qui leur appartiendra.

Par ce moyen, cet ordre ne sera jamais interverti; il n'y aura jamais lieu à réexpédier la matrice cadastrale; on ne réexpédiera pas même le bulletin d'un propriétaire, quoiqu'il puisse présenter de nombreuses ratures, sans quoi l'on se priverait de l'avantage de connaître les différentes parcelles qu'il aurait possédées pendant sa vie.

On conçoit quels renseignemens précieux pourront offrir de semblables matrices, et quelle économie on pourra obtenir de ce mode de travail.

Les matrices perpétuelles procureront, en outre, un résultat très-important.

La loi du 3 frimaire an VII, voulant encourager l'agriculture, accorde aux citoyens qui font des améliorations importantes dans leurs propriétés, tels que défrichemens, desséchemens ou plantations, la faveur de n'être soumis à une nouvelle évaluation imposable que dans un temps plus ou moins éloigné, suivant la nature des améliorations par eux effectuées.

Cette faveur a lieu à la charge par eux de déclarer à l'avance l'intention où ils sont d'opérer ces améliorations.

Réduite à l'impossibilité de suivre le mouvement des natures de propriétés, l'administration n'a pu, jusqu'ici, exécuter les dispositions de la loi précitée.

Pour remédier à ce vice, on a placé, à la suite de la nouvelle matrice perpétuelle, des tableaux chronologiques, présentant, pour chaque année à échoir, les nouvelles évaluations qui devront être opérées par suite des changemens de nature que la loi oblige de déclarer à l'avance.

On ne portera pas dans ces tableaux les simples changemens de nature de culture qui ne sont pas assujettis à des déclarations préalables, et qui ne doivent subir de nouvelles évaluations que lors d'une nouvelle révision générale, dont l'époque est imprévue.

Outre les tableaux ci-dessus, on trouvera également, à la fin de la matrice cadastrale perpétuelle, les états de situation générale, ancienne et nouvelle, qui sont maintenant rédigés chaque année.

4°. *Les déclarations de mutations* auront pour objet de constater tous les mouvemens qui s'opèrent dans les propriétés, par changemens de figures, de propriétaires ou de nature.

Conformément à ce qui a été expliqué en traitant du système hypothécaire, les déclarations de mutations, constatées par actes publics, seront dressées en forme d'extraits par les officiers publics qui auront reçu ces actes.

Les déclarations de mutations qui ne seront point le résultat de conventions, et que les parties sont obligées de faire pour obtenir des dégrèvemens ou exemptions d'impôt, seront dressées à la réquisition des intéressés.

Les changemens qui proviennent de force majeure ou du fait de l'homme, donnant lieu à des augmentations de revenus imposables, ou concernant les propriétés non imposables, seront déclarés par le maire.

Les déclarations relatives à des changemens de figures énonceront tout ce qui sera nécessaire pour opérer les mutations sur les plans et sur les matrices cadastrales.

Elles seront communiquées aux parties intéressées, suivant le mode prescrit en matière de communication de bulletins.

On n'effectuera ces sortes de mutations qu'après cette communication.

Les déclarations de mutations, par simple changement de propriétaires, indiqueront les noms et prénoms et le domicile de l'ancien et du nouveau propriétaire, le numéro, le lieu dit, la nature, la contenance, la classe et le revenu des parcelles.

Les déclarations qui donneront lieu à de nouvelles évaluations indiqueront, en outre, l'époque à laquelle le changement devra être opéré.

Au moyen de ces dispositions, aucun mouvement ne pourra s'opérer dans les propriétés, sans que le conservateur du cadastre de la situation n'ait été mis à même d'en faire écriture d'une manière régulière.

De l'application du nouveau mode dans les communes déjà cadastrées.

Après avoir présenté les moyens d'exécuter le mode proposé dans les communes non encore entreprises, il était nécessaire d'indiquer la marche à suivre pour ramener à ce mode les travaux relatifs aux communes déjà cadastrées.

Les communes actuellement cadastrées seront successivement ramenées au nouveau mode.

Pour obtenir ce résultat, les plans et les matrices cadastrales devront être mis en rapport avec l'état des propriétés.

Le plan-minute, actuellement déposé chez le géomètre en chef, sera conservé dans son état primitif.

L'atlas de la commune, rétabli en feuilles détachées, servira de plan perpétuel.

Il sera dressé un atlas portatif, conformément à ce qui est prescrit plus haut.

On ne constatera, sur le plan perpétuel des mutations, que l'état actuel des propriétés, sans égard aux mutations intermédiaires.

Le tableau indicatif, déposé au chef-lieu du département, sera remis au conservateur du cadastre.

Il sera dressé des bulletins de toutes les parcelles qui sont portées sous plusieurs noms dans la matrice cadastrale actuelle.

Ces bulletins seront communiqués sans délai aux parties intéressées, après que les mutations qu'ils indiqueront auront été régularisées.

La matrice actuelle de la direction constituera la matrice-minute; on y portera les numéros nouveaux donnés aux parcelles qui auront changé de figure.

La matrice perpétuelle sera expédiée par bulletins, d'après la matrice-minute, dans la forme ci-dessus prescrite.

Elle sera dressée de manière à faire connaître les propriétaires des parcelles, au moment de la confection du cadastre, et les derniers possesseurs, au moment de la mise en vigueur du nouveau mode, sans égard aux mutations intermédiaires.

Les anciennes matrices cadastrales des communes seront retirées et supprimées.

Postérieurement à l'établissement du nouveau mode, les déclarations de mutations seront rédigées conformément à ce qui est prescrit ci-dessus.

Ce travail équivaudra à peu près à l'une des refontes de matrice cadastrale qui s'exécutent maintenant tous les cinq ou six ans.

On aura seulement de plus à constater, sur

le plan perpétuel, les changemens de figure subis par certaines parcelles depuis la confection des travaux primitifs.

Mais au moins ce travail ne se fera qu'une fois.

Du mode de transmission des extraits d'actes de mutations aux conservateurs du cadastre.

L'expérience a fait reconnaître que l'entretien des mutations, par voies de déclarations spontanées des parties, ne produisait que des résultats incomplets.

Ces déclarations se passent presque toujours long-temps après les aliénations.

Les matrices cadastrales indiquent souvent comme propriétaire tel individu qui a cessé de l'être depuis long-temps.

La marche d'une opération aussi importante que celle du cadastre, ne peut être subordonnée à l'accomplissement d'une formalité que les particuliers peuvent négliger de remplir.

En général, une bonne administration doit agir pour les citoyens et ne pas soumettre sa marche à leur action.

Elle ne doit employer que des moyens qui

lui donnent la certitude positive d'arriver au but qu'elle se propose.

Pour arriver à ce but, les actes relatifs aux propriétés immobilières contiendront l'indication des numéros du cadastre dans les communes cadastrées suivant le nouveau mode, et, dans celles qui ne le sont pas, une désignation par contenance, tenans et aboutissans, à peine d'une amende contre les officiers publics qui auront reçu ces actes. (Projet de loi, art. 18.)

L'indication des numéros du cadastre dans les actes sera faite sur la représentation du certificat du conservateur du cadastre, * délivré sous le nom du dernier propriétaire. Ce
* certificat fera connaître les numéros limi-
* trophes de chaque parcelle qui y sera dési-
* gnée, et les noms de leurs propriétaires;
* il sera visé par l'officier public qui en fera
* usage, *ne varietur*.

* Lorsqu'un propriétaire sera dans l'inten-
* tion de diviser une parcelle cadastrée, il
* pourra faire opérer tel projet de division
* qu'il jugera convenable par le conservateur,
* qui en dressera procès-verbal.

* Il pourra faire opérer le même projet de

* division par tel arpenteur juré de son choix,
* dont le procès-verbal sera visé par le con-
* servateur du cadastre, qui en conservera la
* minute.

* Les nouveaux numéros donnés aux parcel-
* les nouvelles indiquées ci-dessus pourront
* être cités dans les actes qui seront dressés en
* conséquence de ces procès-verbaux.

* Cependant ces numéros ne seront que pro-
* visoires; les numéros définitifs ne seront don-
* nés par le conservateur du cadastre que lors-
* que l'acte de mutation lui sera transmis pour
* être inscrit.

* Ces numéros seront les seuls qui puissen[t]
* être cités dans l'inscription prescrite pa[r]
* l'art. 120,300 du projet de loi.

Le directeur des contributions directes fera parvenir, chaque année, aux receveurs de l'enregistrement, par l'intermédiaire du directeur des domaines, un état nominatif des communes cadastrées suivant le nouveau mode.

Il sera donné copie de ces états aux officiers publics qui le requerront.

Les actes constatant des mutations de propriétés immobilières, quoique inscrits sur les registres du conservateur des hypothèques et de l'état civil, n'auront d'effet que par l'inscription qui en sera faite sur les pièces cadastrales du lieu de la situation.

Cependant les mutations qui donneront lieu à des indivisions ne seront inscrites sur les pièces cadastrales que lorsque l'indivision aura cessé. (Projet de loi, art. 4.)

Les actes sous seing privé qui contiendront des stipulations relatives à des immeubles, n'auront d'effet qu'entre les parties contractantes, même après le décès des signataires. (Projet de loi, art. 19.)

Ils ne pourront être présentés à l'enregistrement qu'après avoir été déposés devant notaire ; il sera suppléé dans l'acte de dépôt aux indications exigées par la loi du. . . . . et qui ne se trouveront point dans l'acte sous seing privé. (Projet de loi, art. 20.)

Les actes dont les extraits seront transmis aux conservateurs, dans le mois de leur confection, auront effet à partir du jour de leur date réelle.

Les actes dont les extraits seront transmis après l'expiration du mois, n'auront d'effet qu'à une date antérieure d'un mois au jour du dépôt qui aura été fait desdits actes au bureau de la conservation. (Projet de loi, art. 94.)

Cependant les testamens et les droits d'hérédité auront effet à partir du jour du décès de l'auteur, s'ils sont inscrits dans les six mois qui suivent ce décès.

Passé ce délai, les aliénations faites par les héritiers putatifs seront valables. (Projet de loi, art. 95.)

Les extraits d'actes qui devront être inscrits seront transmis par les officiers publics, qui en conserveront les minutes, ou par ceux qui les auront reçus lorsque ces actes seront en brevet, dans le délai déterminé par la loi, même avant l'enregistrement, aux conservateurs qui devront les inscrire, à peine de mille francs d'amende contre les contrevenans, et de tous dommages-intérêts, au profit des parties lésées. (Projet de loi, art. 99.)

Néanmoins, ceux des actes ci-dessus, dans lesquels le ministère d'un avocat aux conseils ou d'un avoué sera nécessaire, seront inscrits à la diligence de l'avocat aux conseils ou de l'avoué poursuivant. (Projet de loi, art. 100.)

* Les bordereaux d'inscription des actes de
* mutations immobilières à transmettre au con-
* servateur des hypothèques et de l'état civil,
* pour être inscrits sous le nom du vendeur,

* énonceront seulement le nom de l'acqué-
* reur et la désignation de l'immeuble, confor-
* mément à l'art. 18 du projet de loi, sans
* indication des charges.

   * Les bordereaux d'inscription à transmettre
* au conservateur du cadastre, feront connaî-
* tre, en outre, les numéros des parcelles qui,
* dans les mains du vendeur, sont contiguës,
* de même nature et dans la même situation
* hypothécaire, pour que le conservateur en
* opère la réunion sur les plans et autres piè-
* ces cadastrales.

Nous ne faisons que rappeler ces dispositions, qui ont été motivées lors de l'exposition
du système hypothécaire.

Elles acquièrent plus d'importance en les considérant dans leurs rapports avec le cadastre.

Conséquences financières du nouveau mode.

Sans entrer dans des détails de chiffres, il
peut être démontré que les travaux exécutés
d'après le nouveau mode produiront d'importantes économies.

A l'égard des travaux de confection, il est
vrai qu'on dressera un atlas portatif qui n'est
point établi dans le mode actuellement suivi.

Mais la dépense que nécessitera cette pièce sera balancée, et au-delà, par la suppression de la matrice cadastrale actuelle du département et par la suppression du tableau indicatif que l'on dépose maintenant au chef-lieu du département.

Quant aux travaux de conservation, ils seront presque entièrement payés par les parties intéressées.

On ne prélèvera sur les fonds, votés par les conseils généraux, que les dépenses relatives à l'exécution du cadastre.

Les frais du renouvellement des matrices cadastrales seront évités.

Quelques dépenses seront nécessaires pour ramener au nouveau mode les communes déjà cadastrées; mais cette dépense sera compensée par les économies que nous venons de signaler.

Du moment où les citoyens verront dans le cadastre un travail fécond en résultats pour l'avenir, ayant pour double objet l'égalité proportionnelle de l'impôt et la perfection du régime hypothécaire, ils feront de nouveaux efforts pour en obtenir promptement la conclusion, et nous aurons la satisfaction de voir bientôt terminée une opération commencée de-

puis si long-temps , et que l'on accuse de trop
de lenteur.

Nous livrons ces idées aux méditations du
gouvernement , en observant que , pour leur
donner plus de poids , nous les avons soumises
à l'épreuve sévère d'une exécution réelle , laquelle nous a présenté les résultats que nous
avons indiqués , tant pour le système hypothécaire , que pour l'organisation des conservations cadastrales.

PROJET DE RÉGLEMENT

POUR L'ACHÈVEMENT ET LA PERPÉTUATION

DU CADASTRE.

—

TITRE PREMIER.

ORGANISATION DES AGENS DE LA PARTIE D'ART DU CADASTRE.

———

CHAPITRE PREMIER.

DES INGÉNIEURS.

—

SECTION UNIQUE.

Des ingénieurs de départemens, conservateurs principaux du cadastre.

1. Il y a, dans chaque département, un ingénieur du cadastre.

2. Il est chargé de diriger l'exécution de l'arpentage , de vérifier les opérations géométriques , de calculer les plans et de surveiller les travaux relatifs à la perpétuation du cadastre.

3. Il a sous ses ordres immédiats un nombre de sous-ingénieurs proportionné aux besoins du service.

4. Il réside au chef-lieu du département ; mais il est tenu de faire de fréquentes tournées pendant l'exécution de l'arpentage.

5. *Supprimé.*

CHAPITRE II.

DES SOUS-INGÉNIEURS.

6. Des sous-ingénieurs sont chargés de la délimitation , de l'arpentage et de la conservation du cadastre.

7. Ils sont choisis parmi ceux des géomètres actuels de première et deuxième classe , qui réunissent le plus d'instruction et de capacité.

8. Après la nouvelle organisation , nul ne pourra être nommé sous-ingénieur s'il n'a pratiqué sur le terrain pendant deux ans au moins ,

et concouru aux mutations d'un exercice en qualité de surnuméraire.

9. Les sous-ingénieurs dont les opérations seront reconnues défectueuses, seront suspendus de leurs fonctions, sur le rapport de l'ingénieur du département.

SECTION PREMIÈRE.

Des sous-ingénieurs délimitateurs.

10. Un sous-ingénieur est, dans chaque département, spécialement chargé de délimiter, sans interruption, par arrondissemens et par contiguité de cantons, toutes les communes non encore cadastrées.

SECTION II.

Des sous-ingénieurs chargés de l'arpentage.

11. Quatre sous-ingénieurs au moins, ou douze au plus, sont, dans chaque département, chargés de continuer les opérations de l'arpentage.

SECTION III.

Des sous-ingénieurs conservateurs.

12. Des conservateurs spéciaux du cadastre sont chargés de suivre et de constater, sur les plans et sur les autres pièces cadastrales, les mutations survenues dans les propriétés immobilières. (Projet de loi, art. 3.)

13. Les conservateurs du cadastre délivrent, sous leur responsabilité, à tous requérans, des certificats indicatifs des divers propriétaires qui ont successivement possédé les mêmes parcelles, depuis la promulgation de la loi du ...., en faisant connaître les divisions ou les réunions dont ces parcelles ont été l'objet. (Projet de loi, art. 114.)

14. En cas de mutations immobilières, par suite de succession, les conservateurs ne délivrent des certificats que dans les six mois du décès. (Projet de loi, art. 120.)

15. Avant d'entrer en fonctions, chaque conservateur du cadastre prête serment devant le préfet et devant le tribunal civil de sa résidence.

16. Il peut, comme agent assermenté, être chargé d'expertises et de partages de propriétés, soit par les tribunaux, soit à la réquisition des justiciables.

17. Dans le cas indiqué au numéro qui précède, il conserve les minutes de ses procès-verbaux, après qu'elles ont été soumises à la formalité de l'enregistrement, et il en délivre copie ou extrait à tous ayans-droit.

18. Il est responsable de tous ses actes, à l'égard des parties intéressées, et il est, à cet effet, justiciable des tribunaux ordinaires.

19. Il ne peut quitter sa résidence sans un congé de l'administration centrale. Ce congé n'est accordé que sur la demande de l'ingénieur du département et la proposition du préfet.

20. Le conservateur qui obtient un congé de plus d'un mois est suppléé par un géomètre de son choix, dont il est responsable, et qu'il doit faire agréer par l'ingénieur du département.

9

CHAPITRE III.

DES SURNUMÉRAIRES.

21. Il y a, pour chaque département, ...
. . . . surnuméraires au moins, et . . . . .
au plus.

22. Les candidats au surnumérariat devront,
outre une bonne écriture et la connaissance de
la langue française, posséder :

L'arithmétique,

La géométrie élémentaire,

La trigonométrie rectiligne,

Le dessin topographique.

23. Ils devront être âgés de dix-huit ans au
moins et de vingt-cinq ans au plus.

CHAPITRE IV.

INDEMNITÉS DES INGÉNIEURS ET SOUS-INGÉNIEURS.

24. Les ingénieurs et sous-ingénieurs du cadastre reçoivent respectivement des indemnités proportionnées à leurs travaux.

25. Les conservateurs du cadastre ont droit
à une perception de cinquante centimes par

parcelle , pour constater les simples mutations de propriétaires sur les pièces cadastrales.

Les mutations qui donnent lieu à des changemens sur les plans sont rétribuées à raison d'un franc par parcelle.

Les certificats d'origine de propriété à délivrer par les conservateurs du cadastre sont payés à raison d'un franc par parcelle.

Il sera dressé un tarif spécial pour les copies de plans. (Projet de loi , art. 111.)

Les travaux, autres que ceux des conservateurs, seront rétribués conformément à un tarif qui sera annexé au présent réglement.

26. Les indemnités dues pour les travaux des conservateurs sont payées par les parties requérantes.

Toutes les autres indemnités sont soldées sur le produit des centimes votés par les conseils généraux.

CHAPITRE V.

DE LA NOMINATION DES AGENS DE LA PARTIE D'ART
DU CADASTRE.

27. Les ingénieurs de département et les sous-ingénieurs conservateurs sont nommés

par le ministre secrétaire d'état des finances.

Les sous-ingénieurs non conservateurs sont nommés par le préfet.

CHAPITRE VI.

DES VÉRIFICATEURS DU CADASTRE.

28. Il est établi, pour les divers départemens de la France, cinq vérificateurs du cadastre. Ils surveillent l'ensemble des opérations et tous les agens de l'administration.

29. Ils commencent leurs tournées dans le mois d'avril de chaque année, et rentrent en décembre à l'administration centrale.

TITRE II.

DE LA CONFECTION ET DE LA CONSERVATION DU CADASTRE DANS LES COMMUNES RESTANT A CADASTRER.

30. Dans les communes restant à cadastrer, les travaux constitutifs du cadastre sont exécutés de manière à ce que les plans et les matrices soient tenus au courant de tous les changemens qui peuvent s'opérer dans les propriétés.

31. Le procédé de reliure mobile, breveté par ordonnance royale du 14 octobre 1827, sera employé comme moyen de perpétuation du cadastre.

CHAPITRE PREMIER.

TRAVAUX CONSTITUTIFS DU CADASTRE.

32. Les travaux constitutifs du cadastre sont :
Les plans,
Les tableaux indicatifs,
Les matrices cadastrales,
Les déclarations de mutations.

SECTION PREMIÈRE.

Des plans.

§. 1ᵉʳ. *Du plan-minute.*

33. Le plan-minute est dressé sur papier grand-aigle, conformément aux instructions actuelles. (Modèle n°. 1.)

§. 2. *Des copies de plans.*

34. Il est dressé deux copies du plan :
La première sur papier jésus in-4°.; elle prend le titre d'atlas portatif.

La seconde sur papier grand aigle-in-folio; elle prend le titre de plan perpétuel.

35. L'atlas portatif sert de croquis pour figurer et coter les mutations sur le terrain.

36. Il est contenu dans un porte-feuille à soufflet en carton.

37. Le plan perpétuel est exécuté au simple trait; il sert à indiquer les divisions ou les réunions de parcelles, les constructions nouvelles, les démolitions, et généralement tous les changemens de figure que peut subir le terrain. (Modèle n°. 2.)

38. Les divisions s'opèrent au moyen de lignes inter-ponctuées, tracées dans l'intérieur de la parcelle divisée.

39. Les nouvelles parcelles, qui en sont le résultat, sont désignées par des lettres alphabétiques, jointes au numéro primitif.

Ainsi, par exemple, la parcelle n°. 28, divisée entre deux propriétaires, devient les parcelles n°ˢ. 28 *a*, 28 *b*. (Modèle n°. 2.)

La parcelle n°. 28 *b*, subdivisée en trois, devient les parcelles 28 *c*, 28 *d*, 28 *e*. (*Ibid.*)

40. La réunion de plusieurs parcelles se constate par une flèche qui traverse la ligne primitive de séparation des parcelles réunies

Dans ce cas, la parcelle n°. 7, par exemple, réunie à celle n°. 8, devient la nouvelle parcelle n°. 8 *a*. (*Ibid.*)

41. Les lettres destinées à désigner les nouvelles figures provenant de divisions ou de réunions, sont toujours placées, autant que possible, au centre de chacune de ces figures.

Les numéros primitifs des parcelles ne prennent point de lettres additionnelles lorsque les augmentations ou les diminutions que subissent ces parcelles sont le résultat de directions nouvelles données à des cours d'eau ou à des chemins publics.

42. Lorsque, par une longue suite d'années, une feuille quelconque du plan vient à présenter un trop grand nombre de mutations, elle est remise au net, suivant la disposition des parcelles, au moment de cette transcription.

Dans ce cas, on trace en lignes pleines les nouveaux polygones des parcelles réunies. L'état actuel des divisions de ces parcelles est exprimé par des lignes inter-ponctuées.

43. Avant la réexpédition totale d'un plan, si quelques parties seulement se trouvent trop chargées de mutations, on les réexpédie

sur une feuille supplémentaire; lorsque cette feuille supplémentaire est remplie de réexpéditions partielles, le plan perpétuel doit être remis au net.

§. 3. *Dispositions communes aux plans-minutes et aux copies de plans.*

44. Les plans de chaque commune sont réunis dans un porte-feuille à soufflet, de la dimension du papier grand-aigle.

SECTION II.

Des tableaux indicatifs.

45. Les tableaux indicatifs sont destinés à faire connaître, dans l'ordre des numéros du plan, la situation, la contenance, la classe, le revenu des parcelles, et les propriétaires qui les ont possédées au moment de l'exécution des travaux.

Ils sont rédigés conformément au modèle n°. 3, récapitulés par page, et terminés par des relevés par nature de culture.

Un seul tableau indicatif est dressé pour chaque commune. La récapitulation générale des relevés par nature de culture est placée à la fin du volume de la dernière section.

46. Les tableaux indicatifs sont à reliure fixe ; ils restent déposés au bureau du conservateur du cadastre de l'arrondissement auquel ils se rapportent.

SECTION III.

Des matrices cadastrales.

47. La matrice cadastrale est rédigée en minute simple , et en copie disposée de manière à ce qu'on puisse y entretenir tous changemens.

La copie prend le titre de matrice cadastrale perpétuelle.

§. 1ᵉʳ. *De la matrice cadastrale minute.*

48. La matrice cadastrale minute fait connaître , par ordre alphabétique de propriétaires , les différentes parcelles que chacun possède au moment des opérations.

49. Pour parvenir à la rédaction de cette minute , on dresse des bulletins conformes aux instructions actuelles.

5o. Ces bulletins sont communiqués aux propriétaires.

Ils sont confiés à ceux qui le requièrent, à la charge d'émarger un état, lequel énonce, qu'à défaut de rapporter le bulletin non endommagé dans un délai de quinze jours, il sera réexpédié aux frais du détenteur.

51. Après communication et rectification, les bulletins constituent la matrice cadastrale minute.

52. Cette matrice cadastrale est terminée par un état réunissant, sous les noms des propriétaires, par ordre alphabétique, la contenance totale et le revenu total des parcelles que chacun possède.

53. La matrice-minute est à reliure fixe ; elle est déposée au bureau de la conservation cadastrale de l'arrondissement auquel elle se rapporte.

§. 2. *De la matrice cadastrale perpétuelle.*

54. La matrice cadastrale perpétuelle est destinée à faire connaître, sous le nom de chaque individu, présenté dans un ordre alphabétique toujours parfait, les différentes parcelles

qu'il possède ou qu'il a possédées depuis l'établissement du cadastre.

55. Elle est rédigée par bulletins sur papier jésus in-8°., à reliure mobile. (Modèle n°. 4.)

56. Lorsqu'un individu cesse de posséder une ou plusieurs parcelles, on les raye légèrement, en indiquant à droite du bulletin le nom du nouveau propriétaire. (*Voyez* n°. 2 du modèle n°. 4.)

On transporte ensuite ces parcelles à l'article de ce nouveau propriétaire, en inscrivant à gauche de son bulletin le nom du propriétaire précédent.

57. Si une parcelle vient à être divisée, on la raye sur le bulletin du propriétaire auquel elle appartenait; on reporte à nouveau, au bas de ce bulletin, les diverses parcelles qu'elle a produites, en rayant seulement celles de ces nouvelles parcelles qui ont passé à de nouveaux propriétaires, et laissant subsister celles conservées par le propriétaire primitif. (*Voyez* les n°ˢ. 1, 8, 9, 10 et 11 du modèle ci-dessus.)

58. Lorsqu'une nouvelle parcelle transportée à l'article d'un propriétaire se réunit à une autre parcelle qu'il possédait déjà, on raye les deux parcelles réunies, pour n'en former

qu'une non rayée sur le même bulletin. On conserve trace de cette opération, par des numéros de renvoi, sur le bulletin où elle a lieu. (*Voyez* n°ˢ. 5, 12 et 13 du modèle ci-dessus.)

59. Les feuilles de la matrice cadastrale perpétuelle ne sont jamais réexpédiées, quelque raturées qu'elles puissent être.

60. Si un individu cesse d'être propriétaire, son bulletin est enlevé du volume et classé, par ordre alphabétique, parmi les anciens propriétaires.

61. Les propriétaires nouveaux sont classés dans la matrice perpétuelle, à l'ordre alphabétique qui leur appartient.

62. A la fin de la matrice perpétuelle sont placés, savoir :

Pour la première année de la confection du cadastre,

Une copie de l'état de récapitulation, mentionnée au n°. 52, disposée de manière à être perpétuée.

Pour chacune des années subséquentes,

1°. Un état des terrains enlevés ou rendus à la culture ;

2°. Un état des constructions nouvelles ou détruites ;

3°. Un état des augmentations ou diminutions survenues dans les revenus par suite de changement de nature ;

4°. Un état de situation ancienne et nouvelle des propriétaires qui ont éprouvé des changemens.

63. A la suite de ces états se trouvent, pour chaque année à échoir, des tableaux, par ordre chronologique, des nouvelles évaluations qui devront être opérées, et une copie des relevés par nature de culture, disposée de manière à pouvoir être perpétuée.

64. La matrice perpétuelle est terminée par un état général des situations annuelles [1].

SECTION IV.

Des déclarations de mutations.

65. Les déclarations de mutations ont pour objet de constater tous les mouvemens qui s'opèrent dans les propriétés, par changemens de figures, de propriétaires ou de nature.

66. Les déclarations de mutations constatées par des actes publics sont dressées en forme

[1] Ces divers modèles seront adressés aux agens de l'administration, lors de l'exécution du présent réglement.

d'extrait, par les officiers publics qui ont reçu ces actes, conformément à ce qui est prescrit ci-après, n°*. 130 et suivans.

67. Les déclarations de mutations qui ne sont point le résultat de conventions, et que les parties sont obligées de faire pour obtenir des dégrévemens ou exemptions d'impôt, sont dressées à la réquisition des intéressés, conformément à la loi du 3 frimaire an VII.

68. Les changemens qui proviennent de force majeure ou du fait de l'homme, donnant lieu à des augmentations de revenus imposables, ou concernant les propriétés non imposables, sont déclarés par le maire.

69. Les déclarations relatives à des changemens de figures énoncent tout ce qui est nécessaire pour opérer les mutations sur les plans et les autres pièces cadastrales.

70. Elles sont communiquées aux parties intéressées suivant le mode prescrit en matière de communication de bulletins.

On n'effectue ces sortes de mutations qu'après cette communication

71. Les déclarations de mutations, par simples changemens de propriétaires, indiquent les noms et prénoms et le domicile de l'ancien et

du nouveau propriétaire ; le numéro , le lieu dit , la nature , la contenance , la classe et le revenu des parcelles.

72. Les déclarations qui donnent lieu à de nouvelles évaluations indiquent, en outre, l'époque à laquelle le changement devra être opéré.

73. Toutes les déclarations relatives à la même commune portent une série non interrompue de numéros.

74. Ces déclarations sont enliassées à l'expiration de l'exercice.

CHAPITRE II.

DE L'ORDRE DANS LEQUEL LES TRAVAUX DOIVENT ÊTRE EXÉCUTÉS.

SECTION PREMIÈRE.

Des travaux de confection.

75. Les opérations de l'arpentage doivent être centralisées dans un seul arrondissement de sous-préfecture , jusqu'à ce qu'elles aient été achevées dans la totalité de cet arrondissement.

76. Elles sont successivement portées dans l'un ou dans l'autre des arrondissemens conti-

gus , suivant la décision de l'administration centrale.

77. On y procède dans l'ordre ci-après.

78. La délimitation des communes précède tout autre travail.

79. Les sous-ingénieurs chargés de l'arpentage procèdent aux opérations trigonométriques, sous la direction de l'ingénieur du département.

80. Celui-ci vérifie la triangulation et dresse procès-verbal de cette vérification.

81. Les sous-ingénieurs procèdent immédiatement au levé des plans, en ce qui les concerne, et à la rédaction de la liste alphabétique des propriétaires et du tableau indicatif.

82. L'ingénieur du département vérifie toutes ces pièces.

83. Il établit, sur le tableau indicatif, la contenance des parcelles; il fait disposer l'atlas portatif et les bulletins, et fait parvenir ces trois pièces au géomètre qui a fait le plan.

84. Ce dernier communique les bulletins ; il rectifie, sur l'atlas portatif, les erreurs qui ont pu se glisser dans les détails du plan, et il modifie, en conséquence, le tableau indicatif et les bulletins.

85. L'ingénieur du département fait disposer le calque d'expertise, le tableau indicatif, la récapitulation des cahiers de calculs.

86. Il remet au directeur des contributions le calque d'expertise, le tableau indicatif, la liste alphabétique et les bulletins.

87. Le directeur fait procéder à l'expertise.

88. Si, dans le cours de cette opération, des erreurs ont été signalées par les contrôleurs, le géomètre, qui a fait le plan, procède à toutes les rectifications nécessaires ; il dresse des calques des changemens de figures, et passe écriture de tout, comme en matière de mutations.

89. L'ingénieur du département opère les rectifications nécessaires sur le plan-minute.

90. Le directeur procède à la rédaction des relevés par nature de culture ; il applique à chaque parcelle le tarif des évaluations.

Cette application sert à compléter le tableau indicatif.

91. Le directeur convertit les bulletins en matrice-minute ; il rédige le tableau indicatif et la matrice perpétuelle, et fait parvenir ces pièces au conservateur, par l'intermédiaire de l'ingénieur du département.

92. Pendant que le directeur exécute ces travaux, l'ingénieur du département fait disposer le plan perpétuel et le fait parvenir au conservateur, en lui renvoyant l'atlas portatif qui a servi à la communication des bulletins.

SECTION II.

Travaux de conservation.

93. La conservation du cadastre consiste à effectuer successivement les mutations qui s'opèrent dans les propriétés ; le conservateur y procède comme il suit.

94. Il reçoit les déclarations de mutations.

95. S'il s'agit de changemens de figures, il les exécute provisoirement au crayon sur l'atlas portatif, et il en fait écriture sur la matrice cadastrale perpétuelle ; et lorsqu'il se trouve un certain nombre de changemens de figures à constater sur le terrain dans une partie de sa conservation, il donne ordre à des géomètres secondaires de se transporter sur les lieux pour opérer ces mutations.

96. Il rectifie les relevés par nature de culture, sur lesquels les mutations peuvent avoir influé.

97. Il constate, sur les états disposés à cet effet, les constructions nouvelles ou détruites, les terrains enlevés ou rendus à la culture, et les augmentations ou diminutions de revenus, par suite des changemens de nature.

98. A la fin de chaque exercice, il dresse un état de situation ancienne et nouvelle des propriétaires qui ont éprouvé des changemens.

99. Il fait parvenir cette pièce à l'ingénieur du département, qui la vérifie et la communique au directeur des contributions directes.

100. Le directeur fait appliquer les changemens sur la matrice générale pour l'expédition du rôle.

101. Après la clôture de l'exercice, les conservateurs régularisent les états mentionnés sous le n°. 62.

TITRE III.

DE L'APPLICATION DU NOUVEAU MODE DANS LES COMMUNES DÉJA CADASTRÉES.

102. Les communes actuellement cadastrées seront successivement ramenées au nouveau mode.

10.

103. Pour obtenir ce résultat, le plan et les matrices cadastrales doivent être mis en rapport avec l'état des propriétés.

104. Le plan-minute, actuellement déposé chez le géomètre en chef, est conservé dans son état primitif.

105. L'atlas de la commune, rétabli en feuilles détachées, sert de plan perpétuel.

106. Il est dressé un atlas portatif, conformément à ce qui est prescrit au n°. 34.

107. On ne constate, sur le plan perpétuel des mutations, que l'état actuel des propriétés, sans égard aux mutations intermédiaires.

108. Le tableau indicatif, actuellement déposé au chef-lieu du département, est remis au conservateur.

109. Il est dressé des bulletins de toutes les parcelles qui sont portées sous plusieurs noms dans la matrice cadastrale actuelle.

110. Ces bulletins sont communiqués sans délai aux parties intéressées, après que les mutations qu'ils indiquent ont été régularisées.

111. Chaque bulletin porte en titre le numéro de la parcelle à laquelle il se rapporte.

112. Il n'est point dressé de bulletins des parcelles qui ont seulement changé de propriétaire ou de nature de culture , lorsque ces changemens sont déjà effectués sur la matrice-minute.

113. La matrice actuelle de la direction constitue la matrice-minute ; on y porte les numéros nouveaux donnés aux parcelles qui ont changé de figure.

114. La matrice perpétuelle est expédiée par bulletins, d'après la matrice-minute, dans la forme prescrite aux n°s. 54 et suivans.

Elle est dressée de manière à faire connaître les propriétaires des parcelles au moment de la confection du cadastre, et les derniers possesseurs au moment de la mise en vigueur du nouveau mode, sans égard aux mutations intermédiaires.

115. Les anciennes matrices cadastrales des communes sont retirées et supprimées.

116. Postérieurement à l'établissement du nouveau mode , les déclarations de mutations sont rédigées conformément à ce qui est prescrit aux n°s. 65 et suivans.

117. L'exécution de ces travaux a lieu dans

l'ordre et par les agens de l'administration ci-après désignés.

118. Le conservateur convertit l'atlas de la commune en plan perpétuel.

119. L'ingénieur du département confectionne l'atlas portatif sur papier jésus in-4°.

12ŏ. Le directeur dispose les bulletins prescrits par le n°. 109, et les remet à l'ingénieur, qui les transmet au conservateur.

121. Le conservateur, * ou un géomètre dé- * signé par lui *, se transporte sur le terrain ; il exécute les changemens sur les plans de mutations ; il communique les bulletins de changemens aux parties intéressées, et il les renvoie à l'ingénieur du département.

122. Ce dernier, après avoir vérifié le travail, l'envoie au directeur des contributions directes.

123. Le directeur porte sur la matrice cadastrale les nouveaux numéros donnés aux parcelles qui ont changé de figure ; il dresse les états qui doivent terminer la matrice perpétuelle ; il expédie cette dernière matrice, qu'il fait parvenir au conservateur.

124. Après l'exécution de ces travaux , tou-

tes les pièces cadastrales sont déposées entre les mains des conservateurs respectifs.

125. Sont considérées comme non cadastrées, pour l'exécution de la loi du . . . . les communes non encore ramenées au nouveau mode.

TITRE IV.

DE L'INDICATION DES NUMÉROS DU CADASTRE DANS LES ACTES.

126. Les actes relatifs aux propriétés immobilières contiennent l'indication des numéros du cadastre dans les communes cadastrées; et dans celles qui ne le sont pas, une désignation pour chaque parcelle, par contenance, tenans et aboutissans, à peine de mille francs d'amende contre les officiers publics qui ont reçu ces actes. (Projet de loi, art. 18.)

127. L'indication des numéros du cadastre est faite sur la représentation d'un certificat du conservateur du cadastre * délivré sous le * nom du dernier propriétaire.

* Ce certificat fait connaître les numéros li-
* mitrophes de chaque parcelle qui y est dési-
* gnée et les noms des propriétaires de ces par-

* celles; il est visé par l'officier public, qui en fait
* usage *ne varietur*. (Projet de loi, art. 20,200.)

* 128. Lorsqu'un propriétaire est dans l'in-
* tention de diviser une parcelle cadastrée, il
* peut faire opérer tel projet de division qu'il
* juge convenable par le conservateur, qui en
* dresse procès-verbal.

* Il peut faire opérer le même projet de di-
* vision par tel arpenteur juré de son choix ,
* dont le procès-verbal est visé par le conser-
* vateur du cadastre, qui en conserve minute.
* (Projet de loi, art. 20,400.)

* 128,500. Les nouveaux numéros donnés aux
* parcelles nouvelles indiquées en l'article pré-
* cédent , peuvent être cités dans les actes qui
* sont dressés en conséquence de ces procès-
* verbaux.

* Cependant ces numéros ne sont que provi-
* soires ; les numéros définitifs ne sont donnés
* par le conservateur du cadastre que lorsque
* l'acte de mutations lui est transmis pour être
* inscrit.

* Ces derniers numéros sont les seuls qui
* puissent être cités dans l'inscription prescrite
* par l'art. 120,300 du projet de loi. (Projet de
* loi, art. 20,600.)

129. Le directeur des contributions directes fait parvenir, chaque année, aux receveurs de l'enregistrement, par l'intermédiaire du directeur des domaines, un état nominatif des communes cadastrées suivant le nouveau mode.

Il sera donné copie de ces états aux officiers publics qui le requerront.

TITRE V.

DE LA TRANSMISSION DES EXTRAITS D'ACTES OU DÉCLARATIONS DE MUTATIONS AUX CONSERVATEURS DU CADASTRE.

130. Les actes constatant des mutations de propriétés immobilières, quoique inscrits sur les registres du conservateur des hypothèques et de l'état civil, n'ont d'effet que par l'inscription qui en est faite sur les pièces cadastrales du lieu de la situation.

Cependant les mutations qui donnent lieu à des indivisions ne sont inscrites sur les pièces cadastrales que lorsque l'indivision a cessé. (Projet de loi, art. 4.)

131. Les actes sous seing privé qui contiennent des stipulations relatives à des immeubles,

n'ont d'effet qu'entre les parties contractantes, même après le décès des signataires. (Projet de loi, art. 19.)

132. Ils ne peuvent être présentés à l'enregistrement qu'après avoir été déposés devant notaire ; il est suppléé dans l'acte de dépôt aux indications exigées par la loi du . . . . . et qui ne se trouvent point dans l'acte sous seing privé. (Projet de loi, art. 20.)

133. Les actes dont les extraits sont transmis aux conservateurs, dans le mois de leur confection, ont effet à partir du jour de leur date réelle.

Les actes dont les extraits sont transmis après l'expiration du mois, n'ont d'effet qu'à une date antérieure d'un mois au jour du dépôt qui a été fait desdits extraits au bureau de la conservation. (Projet de loi, art. 94.)

134. Cependant les testamens et les droits d'hérédité ont effet à partir du jour du décès de l'auteur, s'ils sont inscrits dans les six mois qui suivent ce décès.

Passé ce délai, les aliénations faites par les héritiers putatifs sont valables. (Projet de loi, art. 95.)

135. Les extraits des actes qui doivent être inscrits sont transmis par les officiers publics, qui en conservent les minutes, ou par ceux qui les ont reçus, lorsque ces actes sont en brevet, dans le délai déterminé par la loi, même avant l'enregistrement, aux conservateurs qui doivent les inscrire, à peine de mille francs d'amende contre les contrevenans, et de tous dommages-intérêts au profit des parties lésées. (Projet de loi, art. 99.)

136. Néanmoins ceux des actes ci-dessus dans lesquels le ministère d'un avocat aux conseils ou d'un avoué est nécessaire, sont inscrits à la diligence de l'avocat aux conseils ou de l'avoué poursuivant. (Projet de loi, art. 100.)

* 137. Les bordereaux d'inscription des ac-
* tes de mutations immobilières à transmettre
* au conservateur des hypothèques et de l'état
* civil, pour être inscrits sous le nom du ven-
* deur, énoncent seulement le nom de l'acqué-
* reur et la désignation de l'immeuble, confor-
* mément à l'art. 18 du projet de loi, sans
* indication des charges.

* Les bordereaux d'inscription à transmet-
* tre au conservateur du cadastre, font connaî-
* tre, en outre, les numéros des parcelles qui,

* dans les mains du vendeur, sont contiguës,
* de même nature et dans la même situation
* hypothécaire, pour que le conservateur en
* opère la réunion sur les plans et autres piè-
* ces cadastrales.

MODÈLES

À L'APPUI DES VUES D'AMÉLIORATION

DU RÉGIME HYPOTHÉCAIRE ET DU CADASTRE

COMBINÉS ENTRE EUX.

Modèle n°. 1, plan-minute.

     n°. 2, plan perpétuel.

     n°. 3, tableau indicatif.

     n°. 4, matrice cadastrale perpétuelle.

     n°. 5, certificat de mutations à délivrer par un conservateur du cadastre.

     n°. 6, certificat d'inscription à délivrer par un conservateur des hypothèques et de l'état civil.

EXPLICATION DES MODÈLES CI-DESSUS.

On suppose qu'il s'agisse d'acquérir une fraction de la parcelle n°. 1 du plan d'une commune.

En consultant le plan-minute (modèle n°. 1),

on observe quelle était la figure originaire de cette parcelle.

On examine ensuite le plan perpétuel (modèle n°. 2), et l'on remarque que cette parcelle a subi plusieurs modifications dans sa figure ; elle a d'abord été divisée en quatre parties, présentant les figures 1 *a*, 1 *b*, 1 *c*, 1 *d*; la parcelle 1 *d* a été ensuite subdivisée en deux parties : 1 *e*, 1 *f*.

Pour connaître quels sont les propriétaires qui ont possédé successivement ces diverses parcelles, provenant du n°. 1, le conservateur consulte le tableau indicatif (modèle n°. 3) et il trouve que, lors de l'établissement du cadastre, la parcelle n°. 1 était possédée dans son intégrité par *Simon Vogué.*

Ouvrant la matrice cadastrale perpétuelle (modèle n°. 4), il trouve dans l'ordre alphabétique le bulletin de *Simon Vogué;* le n°. 1 de ce bulletin lui fait connaître, par un renvoi aux n°°. 8 et suivans du même bulletin, que les parcelles n°°. 1 *a* et 1 *c* ont été acquises par *Mayet (Georges),* que les parcelles 1 *b* et 1 *d* sont restées à *Simon Vogué,* ainsi que les parcelles 1 *e* et 1 *f,* provenant de cette dernière parcelle 1 *d.*

Pour savoir ce que sont devenues les parcelles 1 *a* et 1 *c* dans la main de *Mayet* (*Georges*), il consulte le bulletin de celui-ci, lequel lui indique les nouveaux acquéreurs de ces parcelles.

De cette manière, il se trouve à même de rédiger le certificat (modèle n°. 5) indiquant tous les changemens qu'a subis la parcelle n°. 1, et constatant que la parcelle n°. 1 *a*, qu'il s'agit d'acquérir, est maintenant possédée par *Marisy* (*Pierre*).

Ce certificat, faisant connaître que le propriétaire primitif de la parcelle n°. 1 était *Simon Vogué*, il y a lieu d'examiner quelle était la capacité de ce dernier à l'époque où il a aliéné les deux parcelles 1 *a*, 1 *c*, provenant de la parcelle n°. 1, et quelles charges avaient pu le grever à la même époque.

Le certificat (modèle n°. 6) délivré par le conservateur des hypothèques et de l'état civil, sous le nom de *Simon Vogué*, donne tous les renseignemens nécessaires à cet égard.

En le parcourant, on remarquera qu'aucune des circonstances dans lesquelles ce dernier s'est trouvé placé, n'ont fait obstacle à la vente qu'il a consentie le 11 mars 1814, des deux fractions $1a$ et $1c$, et qu'il n'a plus aucun droit sur ces parcelles.

On obtiendra les mêmes renseignemens au bureau des hypothèques et de l'état civil du domicile de *Georges Mayet*, de *Pierre Adam* et de *Pierre Marisy*, qui ont possédé la parcelle n°. $1a$ depuis *Simon Vogué*, et l'on aura ainsi la certitude que cette parcelle est libre dans la main de *Pierre Marisy*, possesseur actuel, qui en propose la vente.

Cet exemple, pour une parcelle, donne une idée de l'application du système proposé à tous les cas qui peuvent se présenter.

FIN.

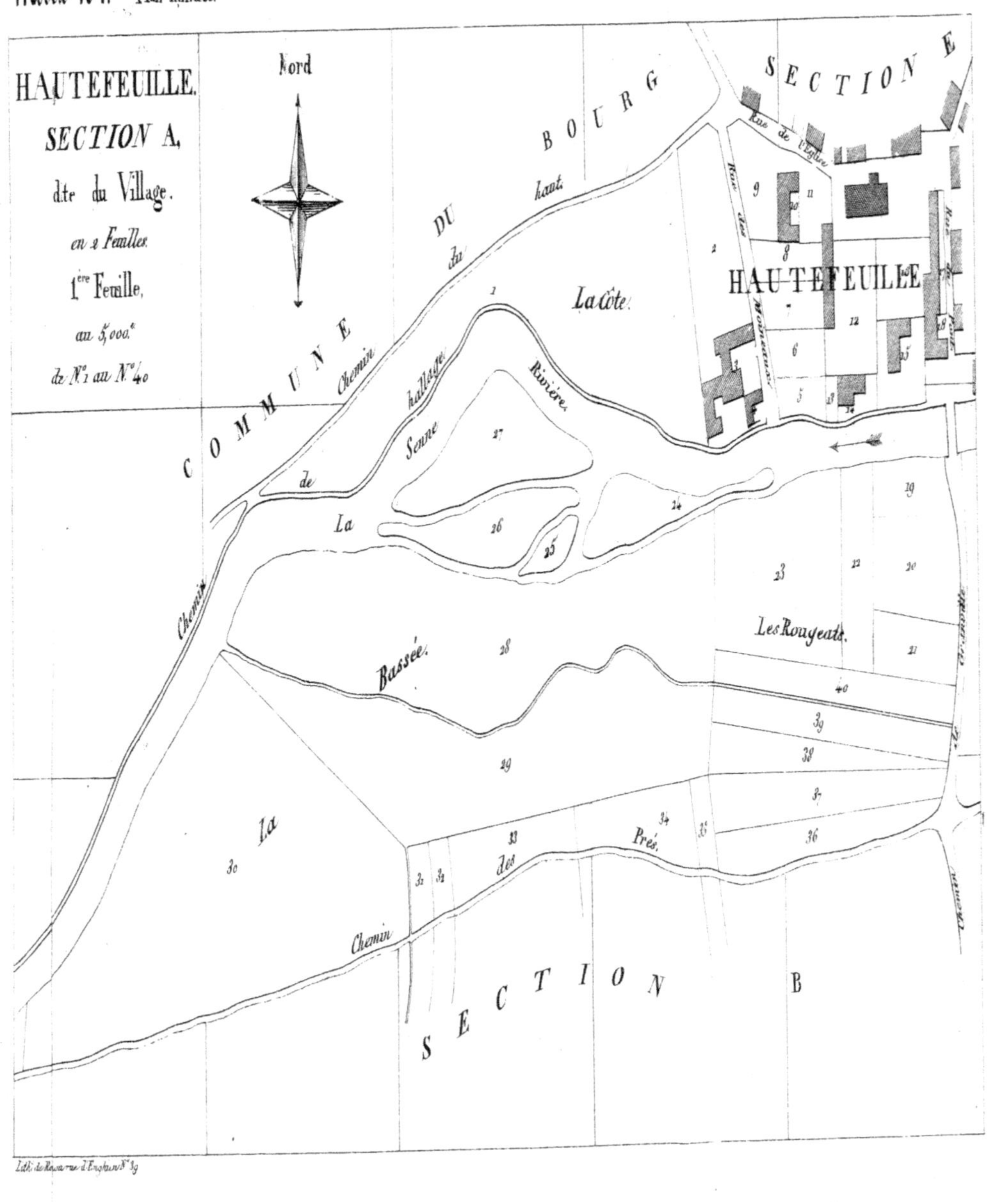

Modèle N.º 1. Plan minute.
HAUTEFEUILLE.
SECTION A,
d.te du Village.
en 2 Feuilles.
1.ere Feuille,
au 5,000.e
de N.º 1 au N.º 40
Nord
COMMUNE DU BOURG
Chemin
de
La
Chemin
halage
Senne
Rivière.
La Côte.
Bassée.
La
Les Rougeats.
Prés.
des
Chemin
HAUTEFEUILLE
SECTION E
Rue de l'Église
Rue des Moineaux
SECTION   B
Lith: de Navarre d'Enghien N.º 19

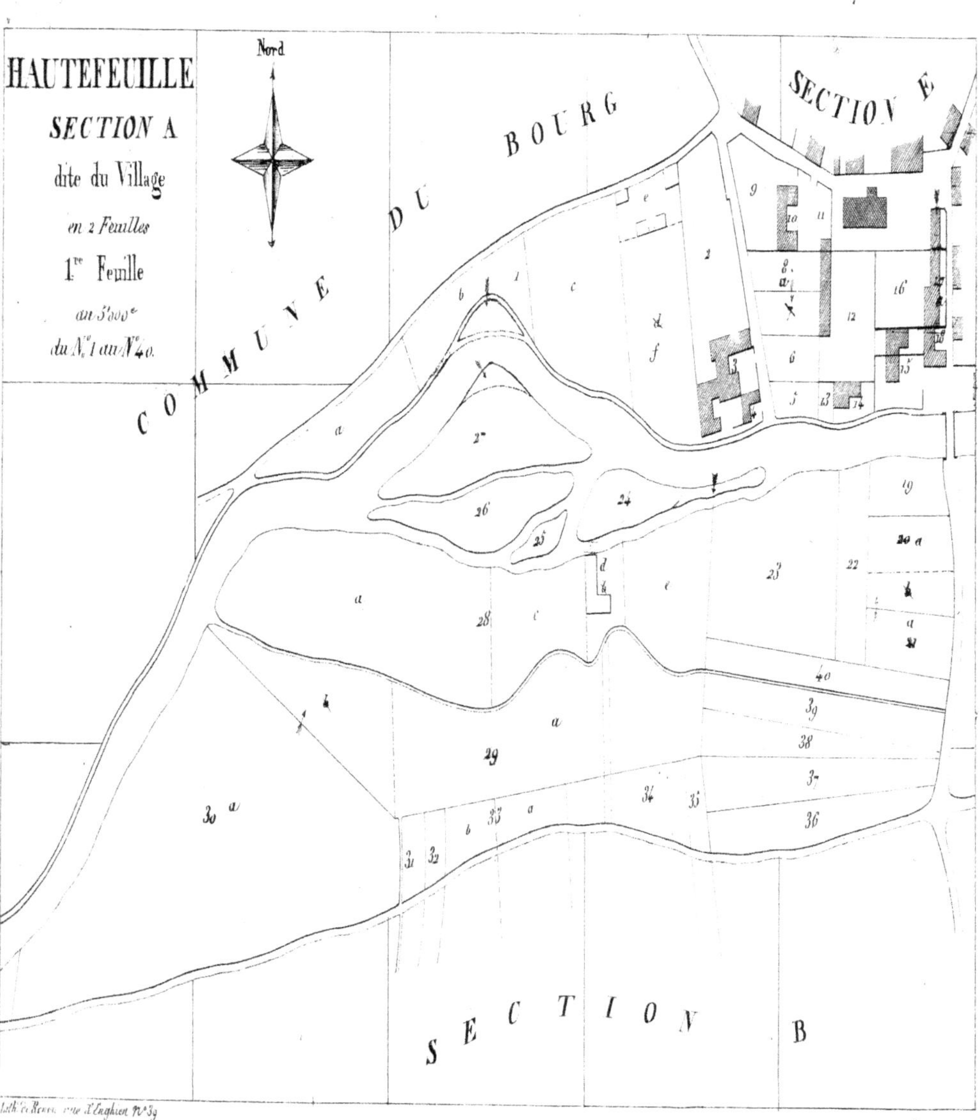

NB On n'a exécuté sur ce plan que les divisions et les réunions simples pour donner une idée générale du système, il a été vérifié
sur des plans dressés par M. Lefèvre l'un des vérificateurs spéciaux du cadastre que les mutations les plus compliquées pouvaient
être exécutées avec une grande facilité, en conservant la trace de tous les changemens survenus dans le terrain.

Modèle N° 3. Tableau indicatif.

Numéros du Plan	PROPRIÉTAIRES				Nature des propriétés	CLASSES		CONTENANCES			REVENUS		N.os de renvois aux bulletins de chaque propriétaire
	Noms	Prénoms	Professions	Demeures		au chiffre	En toutes lettres						
1	Vogué	Simon	propriétaire	hautefeuille	Pré	1re	première	4	41	75	265	05	1
2	Simonneau	Jn Baptiste	Cultivateur	hautefeuille	Jardin	2e	deuxième	1	02	80	61	68	6
3	Vogué	Simon	propriétaire	hautefeuille	Bât	2e	deuxième	"	40	05	400	"	2
4	Carré	Louis	Tailleur	hautefeuille	Bât	3e	troisième	"	06	25	75	.	8
5	Vogué	Simon	propre	hautefeuille	Jardin	1re	première	"	15	60	12	48	3
6	Cailleux	Jn Bapte	Cultivateur	hautefeuille	Terre	1re	première	"	21	70	8	68	11
7	Rotour	Emmanuel	propre	hautefeuille	Vignes	2e	deuxième	"	26	40	15	84	14
8	Vogué	Simon	propre	hautefeuille	Vignes	2e	deuxième	"	24	65	14	79	4
9	Boumard	Jean	propre	hautefeuille	Verger	2e	deuxième	"	50	60	25	80	13
10	Boumard	Jean	propre	hautefeuille	Bât	1re	première	"	12	95	200	"	14
11	Boumard	Jean	propre	hautefeuille	Jardin	2e	deuxième	"	22	"	13	20	45
12	Morin	Michel	propre	hautefeuille	Verger	2e	deuxième	"	64	40	32	20	25
13	Morin	Michel	propre	hautefeuille	Jardin	1re	première	"	05	30	04	24	26
14	Vogué	Simon	propre	hautefeuille	Bât	2e	deuxième	"	13	50	100	,	5
15	Leclerc	Félix	aubte	hautefeuille	Bât	3e	troisième	"	37	20	50	"	10
16	Imbert	François	propre	hautefeuille	Jardin	2e	deuxième	"	34	55	20	73	7
17	Imbert	François	propre	hautefeuille	Bât	1re	première	"	17	30	250	"	8
18	Leclerc	Félix	aubte	hautefeuille	Bât	3e	troisième	"	07	85	150	"	11
19	Simonneau	Jn Bapte	Cultivateur	hautefeuille	T.	1re	première	"	41	15	16	46	7
20	Simonneau	Jn Bapt	Cultivateur	hautefeuille	T.	1re	première	"	69	95	27	98	8
21	Sevrault	Robert	Epicier	Grandville	T.	2e	deuxième	"	44	50	13	35	2
22	Morin	Michel	propre	hautefeuille	T.	1re	première	"	56	"	22	40	27
23	Charlier	Léon	propre	Blumet	T.	1re	première	1	89	"	75	60	1
24	Boumard	Jean	propre	hautefeuille	Pré	3e	troisième	"	50	30	20	42	16
25	Boumard	Jean	propre	hautefeuille	Pré	3e	troisième	"	12	60	05	04	17
26	Boumard	Jean	propre	hautefeuille	Pré	3e	troisième	"	93	35	37	34	18
27	Boumard	Jean	propre	hautefeuille	Pré	3e	troisième	"	12	25	44	90	19
28	Boumard	Jean	propre	hautefeuille	Pré	2e	deuxième	5	69	95	284	97	20
29	Morin	Michel	propre	hautefeuille	Pré	2e	deuxième	4	13	10	209	55	29
30	Sevrault	Robert	Epicier	Grandville	Pré	2e	deuxième	6	98	05	349	02	3
31	Sevestre	Jean	Maçon	Laborde	T.	1re	première	"	17	35	6	94	18
32	Socard	Eloi	Cultivateur	Grandville	T.	1re	première	"	12	50	5	2.	9
33	Robert	Clément	Cultivateur	hautefeuille	T.	1re	première	"	57	40	22	96	4
34	Morin	Michel	propre	hautefeuille	T.	1re	première	"	66	20	26	48	30
35	Leclerc	Félix	aubte	hautefeuille	T.	1re	première	"	5	35	6	14	12
36	Socard	Eloi	Cultivateur	Grandville	Vignes	2e	deuxième	"	[illegible]	10	60	26	15
37	Morin	Michel	propre	hautefeuille	Vignes	2e	deuxième	"	82	30	49	38	28
38	Robert	Clément	Cultivateur	hautefeuille	Vignes	2e	deuxième	"	[illegible]	40	56	24	5
39	Boumard	Jean	propre	hautefeuille	T.	2e	deuxième	"	79	55	23	86	21
40	Leclerc	Félix	aubte	hautefeuille	Vignes	2e	deuxième	"	37	75	40	65	13
								38	06	95	3684	33	

Nᵒ d'ordre du présent bulletin	NOMS DES VENDEURS ET OBSERVATIONS	Numéros d'ordre corresp.ᵗˢ dans aux bulletins des Vendeurs	DATES DES Acquisitions.	S. ou	Nᵒˢ du plan		CANTONS OU LIEUXDITS	ANNÉES	PROFESSIONS	DEMEURES			
					Numéros promulg.⁽ˢ⁾	Lettres add.⁽ˢ⁾				Département.	Arrondissement.	Commune.	Rue.
								Janvier 1835 a 9.ᵇʳᵉ 1835.	propriétaire. Épicier.	Seine et marne. Seine.	Coulommiers. Paris.	haute feuilles. Paris.	S.ᵗ Martin Nᵒ...

Modèle N.º 5. Certificat de mutations à délivrer par un conservateur du cadastre.

Le Conservateur du cadastre de l'arrondissement de Coulommiers, certifie que la parcelle N.º 1 de la section A, située au lieu dit la Côte, commune de Haute-feuille a éprouvé les mutations suivantes.

Numéros d'ordre	Numéros du Plan primitifs	Lettres add.les	Dates des MUTATIONS	Noms	Prénoms	Professions	Départements	Arrondissements	Communes	Rues	N.º de bulletin de chaque propr.té	Nature de la PROPRIÉTÉ	Contenances ha	a	ca	Classe	Revenus fr	c	OBSERVATIONS	Renvoi précédent	Renvoi nouveaux
1	1		Janvier 1813	Vogué	Simon	Pr.re	Seine et Marne	Coulommiers	Hautefeuille		1	Pré	4	41	75	1.re	2	65	Divisé		205
2	1	A	11 Mars 1814	Marget	Georges	Tonnellier	Seine et Marne	Melun	Melun	de Paris	6	Pré		73	62	1.re	44	17	Perdu	1	9
3	1	B	11 Mars 1814	Vogué	Simon	prop.re	Seine et Marne	Coulommiers	Hautefeuille	id.	9	Pré		73	62	1.re	44	18	Augmenté par alluvion	1	2
4	1	C	11 Mars 1814	Mayet	Georges	Tonnellier	Seine et Marne	Melun	Melun	de Paris	7	Pré	1	47	23	1.re	88	35	Perdu	1	10
5	1	D	11 Mars 1814	Vogué	Simon	prop.re	Seine et Marne	Coulommiers	Hautefeuille		11	Pré	1	47	28	1.re	88	35	Divisé	1	6 a 7
6	1	E	8 Janvier 1815	Vogué	Simon	prop.re	Seine et Marne	Melun	Fontenailles		14	Propriété bâtie		31	50	1.re	300			5	
7	1	F	8 Janvier 1815	Vogué	Simon	prop.re	Seine et Marne	Melun	Fontenailles		15	Jardin	1	15	74	2.me	69	44		5	
8	1	B	15 Juin 1815	Vogué	Simon	prop.re	Seine et Marne	Melun	Fontenailles		16	Pré		75	39	1.re	45	23		3	
9	1	A	12 8.bre 1815	N.mon	Pierre	prop.re	Seine	Paris	Paris	Illisible	8	Pré		73	62	1.re	44	17		2	11
10	1	C	22 9.bre 1815	Maurice	Jules	prop.re	Seine et Oise	Pontoise	Pontoise		16	Pré	1	47	23	1.re	83	35		4	
11	1	A	8 Mai 1815	Maussy	Pierre	prop.re	Seine et Oise	Pontoise	Pontoise		10	Pré		73	62	1.re	44	17		9	

Le Conservateur des hypothèques et de l'état civil de Paris, département de la Seine, certifie qu'il existe les inscriptions suivantes sous le nom du S.r Vogué (Simon)

(1) Translation de domicile. Voy. 14 9bre 1810

(1) Cette hypothèque est restreinte. Voy. 10 février 1814.

21 Mai 1773 Né à Champhaut, arrondissement de Mortagne, département de l'Orne, fils de Jean Jacques Vogué, demeurant audit lieu (1)

24 Avril 1794. Devant Costil, Notaire à l'Aigle, département de l'Orne, contrat du mariage projetté avec Catherine Bourdon, demeurant à Champhaut; Stipulation du Régime Dotal; la future apporte une Dot de 50,000 f. (1) Les futurs se font Don de l'Usufruit de tous leurs biens présents et à venir.

23 Mai 1794. Marié à Catherine Josephine Bourdon, demeurant à Champhaut, dev.t le Maire dudit lieu;

28 Juin 1796. A eu pour fils, Jean Vogué, né à Champhaut.

12. 8bre 1798. A eu pour fille Rosalie Vogué, née à Champhaut

21. Mai 1801. A eu pour fille, Marie Françoise Louise Vogué, née à Champhaut.

14. 7bre 1810. Devant Costil, Notaire à l'Aigle, déclaration de translation, de domicile dans la

(1) Translation de domicile. Voy. le 8 Octobre 1815

Commune de Hautefeuille (1) arrondissement de Coulommiers, département de Seine et Marne

8 février 1813 Obligation devant Durand, notaire à Melun, pour une Somme de

(1) Radiée. Voyez 1er Mars 1815.

1000 f. (1) payable dans deux ans au profit du S.r Jacques le petit, propriétaire demeurant à Paris rue de Seine S.t Germain N.° 42; lequel a élu domicile en l'Etude de M.e Marie, notaire à Coulommiers, ladite obligation contenant affectation hypothécaire de diverses parcelles appartenant au S.r Simon Vogué, situées commune de Hautefeuille, arrondissement de Coulommiers, départ.t de Seine et

Marne désignées comme suit.

Son A. N° 1, lieu dit la côte, Pré, contenant 4 hectares 41 ares 75 centiares, 1re classe, d'un revenu de 265 f 05.

Son A. N° 3 lieudit hautefeuille, Jardin, contenant 2 ares 80 centiares 2e classe d'un revenu de 61. 68.

Son A. N° 5. lieudit hautefeuille, Jardin, contenant 15 ares 60 centiares 1re Classe d'un revenu de 12. 48.

Son A. N° 8 lieudit hautefeuille, Vigne, contenant 24 ares 65. centiares 2e Classe d'un revenu de 14. 79

Son A. N° 14 lieudit hautefeuille, propriété bâtie, cont 13 ares 50 centiares 2e Classe d'un revenu de 100 = ..

15 Mars 1813. Devant Durand, notaire à Melun, Vente au profit de Simonneau Jean Baptiste, —

(1) Radiée
Voy 1er mars
1815

propriétaire demeurant en la Commune de hautefeuille cidessus désignée, d'une parcelle Située en ladite commune et désignée comme suit :

Son A, N° 3. lieudit hautefeuille, Jardin, contenant 2 ares 80 centiares, 2e Classe, d'un revenu de 61 f 68.

moyennant la somme de 1000 f (1) à la charge de payer le Sr Jacques Lepetit, cidessus désigné, inscrit le 8 février 1813.

21 Juin 1813. Devant Lahure, notaire à Paris, vente, au profit du Sr Fortin (Barthelemy) demeurant à Paris, rue de Seine N° 43, moyennant la somme de 1100 f payables dans trois ans, d'une parcelle, Située en la commune de hautefeuille, arrondissement de Coulommiers, désignée comme suit.

Son A lieu dit hautefeuille, Jardin, cont. 15 ares 60 centiares … 1re Classe, d'un revenu de 12. 48 —

10 Février 1814 Jugement du Tribunal civil de Coulommiers qui restreint l'hypothèque légale de la Dame Catherine Joséphine Bourdon inscrite les 24 avril et 23 mai 1794, sur les parcelles ci après désignées, Situées en la dite commune De hautefeuille.

Son A. N° 14 lieu dit hautefeuille propriété bâtie, cont. 13 ares 50 centiares 2e classe d'un revenu de 100 f ..

Son A. N° 22 lieu dit la rougeate terre labourable, cont. 56 ares ………… 1re Classe d'un revenu de 22. 40

Son A. N° 37 lieu dit la rougeate, Vigne, contenant 82 ares 30 Centiares. 2e Classe d'un revenu de 49. 33

Lesquelles parcelles ont été assurées pour la valeur vénale de 6,000.ƒ par la compagnie royale d'assurance

de la valeur vénale des propriétés.

11 Mars 1814, Devant Lahure, Notaire à Paris, la parcelle désignée ci après,

S.on A, N.o 1.er lieu dit la côte, Pré, contenant 4 hectares 41 ares 7 centiares .. 1.ère classe d'un revenu de   265.ƒ 05.c

a été divisée comme suit :

N.o 1, A, contenant 73 ares 63 centiares, d'un revenu de 44.ƒ 17.c bornée au nord, d'un côté, le chemin du haut,

d'autre côté la rivière de la Seine, d'un bout à l'Est le chemin du haut et la Seine, d'autre bout la parcelle N.o 16.

N.o 1, B, contenant 73 ares 63 centiares, d'un revenu de 44.ƒ 18. bornée au nord, d'un côté le chemin du haut,

d'autre côté la rivière de la Seine, d'un bout à l'Est la parcelle N.o 1, A, d'autre bout celle N.o 1, C.

N.o 1, C, contenant 1 hectare 47 ares 25 centiares, d'un revenu de 88.ƒ 35.c bornée d'un côté à l'Est la parcelle

N.o 1, B, d'autre côté celle 1 D, d'un bout au nord le chemin du haut, d'autre bout la rivière de la Seine.

N.o 1, D, contenant 1 hectare 47 ares 24 centiares, d'un revenu de 88.ƒ 35.c bornée d'un côté à l'Est la parcelle

N.o 1, C, d'autre côté le S.r Durand, d'un bout au nord le chemin du haut, d'autre bout la rivière de la Seine.

Les parcelles N.os 1, A et 1, C sont vendues moyennant 4,544.ƒ (1) au S.r Mayet (Georges) demeurant à Hartefeuille.

23 7.bre 1814 Devant Lefebvre, notaire à Melun, Vente moyennant 20,000.ƒ (1) au profit de Bouillard (Noël) propriétaire

demeurant à Champhaut, arrondissement de Mortagne, département de l'Orne, de deux parcelles non encore

cadastrées désignées comme suit :

1 herbage situé en ladite Commune de Champhaut, lieudit la fontaine aux Prêtres, contenant

6 hectares, borné d'un côté au nord le Cellier et autres, d'autre côté le S.r Piquet, d'un bout à l'Est, le S.r Piquet,

d'autre bout le chemin tendant du village de la fleurière à l'Église de Champhaut.

1 herbage situé en ladite Commune de Champhaut lieudit la Cour Plomelle, contenant 4 hectares 40 ares,

Bornée d'un côté, au nord, par le chemin de Beaumont à Champhaut et autres ; d'autre côté le
St Lebourg, d'un bout, à l'Est, le chemin de Beaumont à la Roussière, d'autre bout Michel Feillon.

15 Décembre 1814, Devant Lahure, Notaire à Paris, payement par Mayet (Georges) du prix
de la Vente consentie le 11 Mars 1814, et radiation de l'inscription qui en resulte.

1er Mars 1815 Devant Durand, notaire à Melun, payement de la somme de 1000.f entre
les mains du Sr Jacques Lepetit, propriétaire, demeurant à Paris, et radiation des Inscriptions
des 8 février et 15 Mars 1813.

15 Juin 1815. Devant Lefebvre, Notaire à Melun, payement par Douillard,
(Noël) du Prix de la Vente consentie à son profit le 24. septembre 1814 et radiation de l'inscription
dudit jour.

8. Octobre 1815 Devant Lahure, Notaire à Paris, déclaration de translation de
Domicile à Paris, rue St Martin No 105. Profession de Marchand Epicier.

14 Janvier 1818. Jugement du Tribunal de Commerce de la Seine, portant Déclaration
de faillite.

28. Novembre 1819. Décédé à Paris.

19 Mars 1820. Devant le Greffier du Tribunal Civil de la Seine, déclaration d'acceptation
de sa succession sous bénéfice d'Inventaire par Jacques Vogue, rentier et Rosalie Vogue sa sœur, Couturière
tous deux demeurants à Paris, seuls Enfants habiles à se dire héritiers dudit Sr Simon Vogue.